別冊税務弘報

収益認識の税務

法人税法から法人税基本通達まで

税理士 藤曲武美［著］

中央経済社

はじめに

　法人税における平成30年度税制改正の主要項目として，「収益認識に関する会計基準等への対応」がある。

　法人税法22条2項の益金の額に関する通則規定を補足，説明する規定として新たに法人税法22条の2が設けられた。昭和40年の法人税法全文改正により設けられた所得計算の通則規定である法人税法22条に関連する大規模な改正は，昭和42年の法人税法22条4項の公正処理基準が設けられて以来のものである。今改正により，法人税法22条の2が新設されただけでなく，法人税基本通達の収益認識に関係するものについても全面的に改正，整備された（本書巻末の改正通達の新旧対応表参照）。

　これらの法人税の改正は，企業会計基準委員会が開発，公表した企業会計基準第29号「収益認識に関する会計基準」及び企業会計基準適用指針第30号「収益認識に関する会計基準の適用指針」に対応したものである。

　本書は，これらの会計基準の改正内容を踏まえ，法人税における改正内容に焦点を当てて記述したものである。

　巷間，「今改正は大企業だけに関するもので中小企業は従来通りである。」という声をよく聞く。しかし，大企業は当然であるが，中小企業の

経理，税務を行う税理士，経理担当者にとっても見過ごせない改正である。

　法人税の所得計算の大前提である益金の額に算入すべき収益の額に関して，その税務処理の根拠となる法人税基本通達が全面的に改正，整備されており，これについて旧通達の知識のままでよいはずがない。

　また，収益の額の帰属事業年度については，これまでの権利確定主義，実現主義とは異なる考え方が提示されており，注目すべき問題である。さらに，公正処理基準の位置づけについても論議すべき論点が生じている。これらの点は，特に専門家にとっては見過ごせないところである。

　本書はこれらの点についても，立法担当者の考え方を紹介しながら検討している。

　本書が，「収益認識に関する会計基準等への対応」として行われた本改正の内容を逸早く理解する助けになれば幸いである。

　最後に，本書の出版にあたって，たいへんお世話になった中央経済社の秋山宗一氏，川上哲也氏に感謝の意を表したい。

2018年9月

著者

目次

〔1〕収益認識に関する会計基準の概要 …………………………………… 13
Ⅰ 収益認識に関する包括的会計基準の開発 ……………………………… 14
Ⅱ 本会計基準の基本となる原則 …………………………………………… 14
1． 収益認識の5ステップ・14
   (1) ステップ1：顧客との契約を識別する・15
   (2) ステップ2：契約における履行義務を識別する・15
   (3) ステップ3：取引価格を算定する・16
   (4) ステップ4：契約における履行義務に取引価格を配分する・16
   (5) ステップ5：履行義務を充足した時に又は充足するにつれて収益を認識する・17
2． 収益認識の5ステップの適用例（指針・設例1）・18

Ⅲ 本会計基準・適用指針の開発・公表 …………………………………… 21
1． 会計基準・21
2． 適用指針・24
3． 設　例・27

Ⅳ 本会計基準の適用対象企業・適用範囲 ………………………………… 30
1． 主な適用対象企業等・30
2． 中小企業との関係・30
3． 本会計基準の適用時期・31
4． 本会計基準の適用範囲・31

Ⅴ 本会計基準と法人税における対応 ……………………………………… 32
1． 網羅的かつ包括的な収益認識基準の開発・公表・32
2． 法人税の対応・33
3． 本改正の概要・34

〔2〕収益計上の単位 …………………………………………………………… 37
　Ⅰ　収益計上の単位の通則 ………………………………………………… 38
　　1．複数の契約が単一の履行義務・38
　　2．単一の契約が複数の履行義務・38
　Ⅱ　本改正前の法人税における収益計上の単位 ………………………… 39
　Ⅲ　法人税における収益計上の単位の通則 ……………………………… 39
　　1．単位に関する条文の適用関係・39
　　2．単位の一般的通則・40
　　3．工事請負契約の場合の単位・41
　　4．履行義務単位での判定・42
　Ⅳ　収益の計上単位の具体的取扱い ……………………………………… 42
　　1．収益の計上単位の整備・42
　　　(1)　機械装置販売と機械据付工事・43
　　　(2)　資産の販売等に伴う保証・43
　　　(3)　部分完成の事実がある場合の収益の計上単位・43
　　　(4)　技術役務の提供に係る収益の計上単位・44
　　　(5)　ノウハウの頭金等の収益の計上単位・44
　　2．ポイント等を付与した場合の収益の計上単位・45
　　　(1)　本会計基準の変動対価である顧客に支払われる対価・45
　　　(2)　追加の財又はサービスを取得するオプションの付与・45
　　　(3)　本会計基準における自己発行ポイント等の処理・46
　　　(4)　法人税の自己発行ポイント等の取扱い・46
　　　(5)　自己発行ポイント等の付与に係る収益の帰属の時期・48
　　　(6)　自己発行ポイント等の付与に係る収益の取扱いに関連した金品引換券付販売に係る費用等の取扱い・50
　　3．資産の販売等に係る収益の額に含めないことができる利息相当部分・50

(1)　本会計基準の取扱い・50

　　(2)　法人税の取扱い・51

　　(3)　割賦販売等に係る収益の額に含めないことができる利息相当部分・51

〔3〕収益の額の帰属事業年度 ……………………………………………………53

Ⅰ　本会計基準における収益の計上時期 ……………………………………54

　1．履行義務の識別・54

　2．履行義務の充足による収益の認識・54

　3．一定の期間にわたり充足される履行義務・55

　4．一時点で充足される履行義務・55

Ⅱ　本改正前の収益の額の帰属事業年度に係る法人税の定め等 …………56

　1．当該事業年度の収益の額・56

　2．旧法人税基本通達の定め・58

　　(1)　棚卸資産の販売による収益・58

　　(2)　請負による収益・58

　　(3)　建設工事等の引渡しの日・59

　　(4)　固定資産の譲渡による収益・59

Ⅲ　収益の額の帰属事業年度に係る本改正の内容 …………………………59

　1．引渡基準の原則を法令上明確化・59

　2．「近接する日」の取扱いの明確化・60

　3．「近接する日」に申告調整した場合・61

　4．収益の額の会計処理，申告調整と帰属事業年度・61

　5．実現主義，権利確定主義との関係・62

　6．別段の定めからの除外・65

Ⅳ　本通達改正の内容（収益の計上時期）……………………………………66

　1．収益の計上の単位との区別・66

2．棚卸資産の引渡しの日・67

3．近接する日・68

  (1) 委託販売に係る収益の帰属の時期・68

  (2) 検針日による収益の帰属の時期・68

  (3) 固定資産の譲渡に係る収益の帰属の時期・69

  (4) 農地の譲渡に係る収益の帰属の時期の特例・69

  (5) 工業所有権等の譲渡に係る収益の帰属の時期の特例・69

  (6) 不動産の仲介あっせん報酬の帰属の時期・70

  (7) 運送収入の帰属の時期・70

  (8) 賃貸借契約に基づく使用料等の帰属の時期・71

  (9) 工業所有権等の実施権の設定に係る収益の帰属の時期・71

  (10) 工業所有権等の使用料の帰属の時期・72

4．履行義務の充足との関係・72

  (1) 履行義務が一定の期間にわたり充足されるもの・72

  (2) 履行義務が一時点で充足されるものに係る収益の帰属の時期・73

5．請負に係る収益の計上時期・74

6．商品引換券等の発行に係る収益の計上時期の特例・74

  (1) 非行使部分の最終的な収益計上時期・74

  (2) 非行使部分の収益計上金額・75

  (3) 事前確認の廃止・76

7．自己発行ポイント等の付与に係る収益の帰属の時期・76

8．返金不要の支払の帰属の時期・77

〔4〕益金の額に算入すべき収益の額 ……………………………………… 79

  Ⅰ 本会計基準における取引価格 …………………………………………… 80

  1．取引価格の意義・80

2．取引価格の算定・80

　3．取引価格の算定要素：変動対価・81

　　(1) 変動対価の意義・81

　　(2) 変動対価の見積方法・81

　4．取引価格の算定要素：重要な金融要素・82

　5．取引価格の算定要素：現金以外の対価・83

　6．取引価格の算定要素：顧客に支払われる対価・83

　7．履行義務への取引価格の配分・83

　8．取引価格の変動・84

　9．契約資産，契約負債及び債権・84

Ⅱ　本改正前の益金の額に算入すべき収益の額に関する定め等……………84

Ⅲ　益金の額に算入する金額の法令上の明確化………………………………86

　1．時価による旨の法令による明確化・86

　2．時価算定上，貸倒れ，返品可能性の排除・87

　3．本会計基準との関係・88

　4．現物分配等と収益の額の認識・89

　5．施行令18条の2の修正の経理・90

　　(1) 取引価格の事後的な変動と修正経理・90

　　(2) 変動後の金額で更正・90

　　(3) 金銭債権の帳簿価額・91

Ⅳ　本通達改正の内容：収益の額…………………………………………………92

　1．資産の引渡しの時の価額・92

　2．変動対価・93

　　(1) 変動対価の例・93

　　(2) 変動対価の処理・94

　　(3) 引渡し等事業年度終了の日後に生じた事情による変動・96

(4)　前期損益修正処理の否定・97

　3．売上割戻しの処理・97

　4．値増金の益金算入の時期・98

　5．キャッシュバック・99

　　(1)　取引価格の調整・99

　　(2)　法人税の取扱い・99

〔5〕返品調整引当金の廃止 ……………………………………………………………… 101

Ⅰ　本改正前の返品調整引当金 ………………………………………………………… 102

　1．適用対象事業・102

　2．特約要件・102

　3．返品調整引当金の繰入限度額・102

Ⅱ　返品調整引当金の廃止 ……………………………………………………………… 103

　1．返品調整引当金の廃止理由・103

　2．適用関係・103

Ⅲ　返品調整引当金の廃止に伴う経過措置 …………………………………………… 103

　1．平成33年3月31日までに開始する事業年度・104

　2．平成33年4月1日から平成42年3月31日までの間に開始する各事業年度・104

　3．益金算入・105

　4．みなし損金経理・105

Ⅳ　返品債権特別勘定の存続 …………………………………………………………… 106

　1．返品債権特別勘定・106

　2．返品債権特別勘定の設定・106

　　(1)　返品債権特別勘定の繰入額の損金算入・106

　　(2)　一定の特約・107

　3．みなし損金経理・107

4．返品債権特別勘定の繰入限度額・108
5．返品債権特別勘定の金額の益金算入等・108
　⑴　益金算入・108
　⑵　明細書の添付・109

〔6〕 長期割賦販売等に係る延払基準の廃止 ……………………………… 111
Ⅰ　本改正前の長期割賦販売等に係る延払基準 ……………………………… 112
1．長期割賦販売等の定義・112
2．延払基準適用の要件・112
3．延払基準による経理・113
Ⅱ　長期割賦販売等に係る延払基準の廃止 …………………………………… 113
1．本会計基準と長期割賦販売等の延払基準廃止の理由・113
2．適用関係・113
Ⅲ　長期割賦販売等に係る延払基準の廃止に伴う経過措置 ……………… 114
1．経過措置の対象法人・114
2．廃止に伴う経過措置・115
　⑴　平成35年3月31日までに開始する各事業年度の経過措置・115
　⑵　経過措置事業年度中に延払基準の方法により経理しなかった場合等の処理・115
　⑶　未計上収益額及び未計上費用額の10年均等取崩し・117
　⑷　10年均等取崩しと確定申告書への記載・118

〔7〕 本改正と中小企業に対する影響 ……………………………………… 121
Ⅰ　中小企業と本会計基準 ……………………………………………………… 122
Ⅱ　本通達の改正と中小企業への影響 ………………………………………… 123

Ⅲ　収益の額の帰属事業年度に関する考え方……………………………………124

〔8〕収益認識基準と消費税……………………………………………………………125
　Ⅰ　ケース1　自社ポイントの付与（論点：履行義務の識別）………………126
　　1．本会計基準の考え方・127
　　2．法人税の処理・128
　　3．消費税の処理・130
　　　(1)　消費税の処理単位・130
　　　(2)　会計処理のズレの調整・130
　Ⅱ　ケース2　契約における重要な金融要素……………………………………131
　　1．本会計基準の考え方・132
　　2．法人税の処理・133
　　3．消費税の処理・134
　Ⅲ　ケース3　割戻しを見込む販売（論点：変動対価）………………………135
　　1．本会計基準の考え方・136
　　2．法人税の処理・136
　　3．消費税の処理・138
　Ⅳ　ケース4　返品権付き販売（論点：変動対価）……………………………139
　　1．本会計基準の考え方・139
　　2．法人税の処理・139
　　3．消費税の処理・140
　Ⅴ　ケース5　商品券等（論点：非行使部分）…………………………………140
　　1．本会計基準の考え方・141
　　2．法人税の処理・142
　　　(1)　非行使部分の最終的な収益計上時期・142
　　　(2)　非行使部分の収益計上金額・142

(3) 事前確認の廃止・143

　3．消費税の処理・143

Ⅵ　ケース6　消化仕入（論点：本人・代理人）……………………………………143

　1．本会計基準の考え方・144

　2．法人税の処理・145

　3．消費税の処理・145

〔9〕条文構成の問題点……………………………………………………………147

　Ⅰ　本規定の性格……………………………………………………………………148

　　1．本規定の概要・148

　　2．本規定の「別段の定め」の性格・148

　　(1) 条文構成上の位置づけ・148

　　(2) 別段の定めの種類と本規定の性格・149

　Ⅱ　法人税法22条4項と別段の定めとの関係……………………………………150

　Ⅲ　本規定と公正処理基準との関係………………………………………………152

資料　収益等の計上に関する改正通達（法人税基本通達第2章第1節部分）の構成及び新旧対応表……………………………………………………155

〔1〕収益認識に関する会計基準の概要

〔2〕収益計上の単位

〔3〕収益の額の帰属事業年度

〔4〕益金の額に算入すべき収益の額

〔5〕返品調整引当金の廃止

〔6〕長期割賦販売等に係る延払基準の廃止

〔7〕本改正と中小企業に対する影響

〔8〕収益認識基準と消費税

〔9〕条文構成の問題点

I　収益認識に関する包括的会計基準の開発

　企業会計基準委員会（ASBJ）は，公開草案の公表を経て平成30年3月30日に企業会計基準第29号「収益認識に関する会計基準」（以下「本会計基準」又は「会基」という。），企業会計基準適用指針第30号「収益認識に関する会計基準の適用指針」（以下「本適用指針」又は「指針」という。）を公表した。

　これまで日本には，収益認識に関する包括的な会計基準は存在しなかった（会基92）。収益認識に関する一般的な会計原則としては，企業会計原則における実現主義，販売基準が存在しただけであった。このような現状を踏まえて，本会計基準の開発については，国内外の企業間における財務諸表の比較可能性の観点から，国際会計基準の包括的な収益認識基準である「顧客との契約から生じる収益」（IFRS第15号）を基本的にすべて取り入れ，これをベースとして作られ，おおむね同一の基準となっている。

　個別財務諸表の取扱いについては，連結財務諸表の取扱いと同一にした。個別財務諸表は法人税の課税所得金額計算の基礎となるため，法人税との調整は配慮すべきこととされた（会基97，98，99）。

II　本会計基準の基本となる原則

1．収益認識の5ステップ

　本会計基準の基本となる原則は，約束した財又はサービス（まとめて「資産」ということもある。）の顧客への移転をその財又はサービスと交換に企業が権利を得ると見込む対価の額で描写するように，収益を認識する

ことである。この基本となる原則に従って収益を認識するために，次の(1)から(5)のステップを適用する（会基16，17）。

(1) ステップ1：顧客との契約を識別する

　本会計基準の定めは，顧客と合意し，かつ，所定の要件を満たす契約に適用する。

　この場合の「顧客」とは，対価と交換に企業の通常の営業活動により生じたアウトプットである財又はサービスを得るために当該企業と契約した当事者をいう（会基6）。

　「契約」とは，法的な強制力のある権利及び義務を生じさせる複数の当事者間における取決めをいう（会基5）。

　本会計基準の対象とする取引は，顧客との契約を前提としていることから，顧客に対する商品等の販売ではない，例えば固定資産の譲渡取引は直接には対象取引とはされていない。

(2) ステップ2：契約における履行義務を識別する

　契約において顧客への移転を約束した財又はサービスが，所定の要件を満たす場合には別個のものであるとして，その約束を履行義務として区分して識別する。

　この場合の「履行義務」とは，顧客との契約において，次の①又は②のいずれかを顧客に移転する約束をいう（会基7）。
① 別個の財又はサービス（あるいは別個の財又はサービスの束）
② 一連の別個の財又はサービス（特性が実質的に同じであり，顧客への移転のパターンが同じである複数の財又はサービス）

　すなわち，履行義務とは，財又はサービスを移転する約束であり，1つの契約にはいくつかの約束が含まれている場合が考えられる。その場合，

本会計基準は契約単位での取引で識別するのではなく，履行義務単位で識別していくこととしている。1つの契約に複数の履行義務が含まれている場合は，履行義務単位で認識，識別していくこととされている。

(3) ステップ3：取引価格を算定する

変動対価又は現金以外の対価の存在を考慮し，金利相当分の影響及び顧客に支払われる対価について調整を行い，取引価格を算定する。値引き，割戻し，返金，返品，貸倒れを見積り，対価の額を増減する。

「取引価格」とは，財又はサービスの顧客への移転と交換に企業が権利を得ると見込む対価の額（ただし，第三者のために回収する額を除く。）をいう（会基8，47）。取引価格の算定にあたっては，契約条件や取引慣行等を考慮する。

すなわち，取引価格とは，顧客との契約で表示された対価の額そのものではない点に留意する必要がある。その額に値引き，割戻し，返金，返品，貸倒れなどの変動要素を考慮して調整した後の価格をいう。

(4) ステップ4：契約における履行義務に取引価格を配分する

契約において約束した別個の財又はサービスの独立販売価格の比率に基づき，それぞれの履行義務に取引価格を配分する。

独立販売価格の比率に基づき取引価格を各履行義務へ配分する際には，契約におけるそれぞれの履行義務の基礎となる別個の財又はサービスについて，契約における取引開始日の独立販売価格を算定し，取引価格を当該独立販売価格の比率に基づき配分する（会基68）。

この際において，財又はサービスの独立販売価格を直接観察できない場合には，市場の状況，企業固有の要因，顧客に関する情報等，合理的に入手できるすべての情報を考慮し，観察可能な入力数値を最大限利用して，

独立販売価格を見積る。類似の状況においては，見積方法を首尾一貫して適用する（会基69）。

(5) **ステップ5：履行義務を充足した時に又は充足するにつれて収益を認識する**

約束した財又はサービスを顧客に移転することにより履行義務を充足した時に又は充足するにつれて，充足した履行義務に配分された額で収益を認識する（会基35）。資産が移転するのは，顧客が当該資産に対する支配を獲得した時又は獲得するにつれてである。

資産に対する支配とは，当該資産の使用を指図し，当該資産からの残りの便益のほとんどすべてを享受する能力（他の企業が資産の使用を指図して資産から便益を享受することを妨げる能力を含む。）をいう（会基37）。

履行義務を充足した時とは，履行義務は約束であるから，約束を果たした時である。

履行義務は，次の所定の要件を満たす場合には一定の期間にわたり充足され，所定の要件を満たさない場合には一時点で充足される。

① 一定の期間にわたり充足される履行義務

次のイからハの要件のいずれかを満たす場合，資産に対する支配を顧客に一定の期間にわたり移転することにより，一定の期間にわたり履行義務を充足し収益を認識する（会基38）。

イ　企業が顧客との契約における義務を履行するにつれて，顧客が便益を享受すること

ロ　企業が顧客との契約における義務を履行することにより，資産が生じる又は資産の価値が増加し，当該資産が生じる又は当該資産の価値が増加するにつれて，顧客が当該資産を支配すること（指針・設例4）

ハ　次の要件のいずれも満たすこと（指針・設例8）

　イ）企業が顧客との契約における義務を履行することにより，別の用途

に転用することができない資産が生じること
ロ）企業が顧客との契約における義務の履行を完了した部分について，対価を収受する強制力のある権利を有していること

② **一時点で充足される履行義務**

上記①イからハの要件のいずれも満たさず，履行義務が一定の期間にわたり充足されるものではない場合には，一時点で充足される履行義務として，資産に対する支配を顧客に移転することにより当該履行義務が充足される時に，収益を認識する（会基39）。

なお，資産に対する支配を顧客に移転した時点を決定するにあたっては，本会計基準37項の定めを考慮する。また，支配の移転を検討する際には，例えば，次のイからホの指標を考慮する（会基40）。

イ 企業が顧客に提供した資産に関する対価を収受する現在の権利を有していること
ロ 顧客が資産に対する法的所有権を有していること
ハ 企業が資産の物理的占有を移転したこと
ニ 顧客が資産の所有に伴う重大なリスクを負い，経済価値を享受していること
ホ 顧客が資産を検収したこと

2．収益認識の5ステップの適用例（指針・設例1）

上記1．の本会計基準の基本となる原則・収益認識の5ステップを設例で示すと次のようになる（指針・設例1）。

＜前提条件＞
(1) 当期首に，A社はB社（顧客）と，標準的な商品Xの販売と2年間の保守サービスを提供する1つの契約を締結した。

(2) A社は,当期首に商品XをB社に引き渡し,当期首から翌期末まで保守サービスを行う。
(3) 契約書に記載された対価の額は12,000千円である。

＜留意点＞

(1) 契約単位の取引の識別（ステップ１）から出発するが,収益は履行義務単位で認識する（ステップ２）。この設例では,契約は商品Xの販売と２年間の保守サービスが一体となって契約されているが,本会計基準では,財又はサービスを移転する約束である履行義務単位で識別し,この履行義務単位で収益を認識することとする。そうすると本契約においては,商品Xの販売と保守サービスの提供の２つの履行義務からなっていることと識別する。

(2) 契約においては,２つの履行義務をまとめて一括で12,000千円での取引価格とされている。この取引価格は,単に契約における価格そのものではない。変動対価等の変動要素のあるものについては,契約で定められた価格を調整したものが「取引価格」である（ステップ３）。

　この点,本設例では,契約で定められた対価の額と取引価格が一致するものとしている。

(3) 取引価格が定まったら,その取引価格を各履行義務に配分する必要が生ずる（ステップ４）。本会計基準は履行義務単位で収益を認識することとしているからである。

　この配分については,契約における取引開始日の独立販売価格を算定し,取引価格を当該独立販売価格の比率に基づき配分するものとしている。各履行義務単位での独立販売価格を合計すれば契約単位での取引価格になるとは限らない。したがって,独立販売価格の比率で配分する必要がある。

本設例では，商品Xの販売に係る取引価格は10,000千円，保守サービスに係る取引価格は2,000千円に配分されたものとしている。

(4) 最後に各履行義務の充足時に収益を認識することになるが，履行義務の充足においては，一時点で充足する場合と，一定の期間にわたって充足する場合がある。

本設例の場合の商品Xの販売に係る履行義務の充足は，資産に対する支配を顧客に移転した時点，例えば相手側における商品の検収時に充

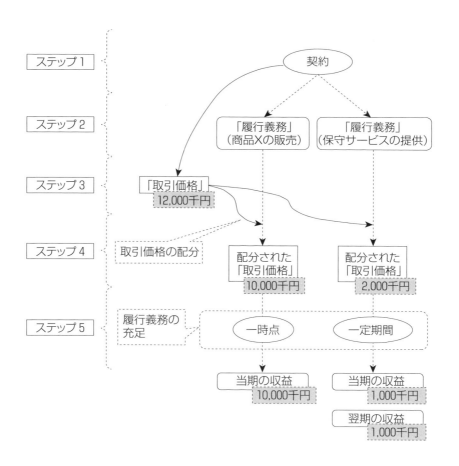

足した（約束を果たした）ことになる。

　一方，保守サービスの履行義務の充足は，「企業が顧客との契約における義務を履行するにつれて，顧客が便益を享受すること」に該当するので，一定の期間にわたって充足する場合に該当することになり，その充足されるにつれて収益を認識することになる。

Ⅲ　本会計基準・適用指針の開発・公表

　上記の基本となる原則を踏まえて，企業会計基準委員会は収益認識に関する包括的会計基準を次のように開発・公表した。

　以下にその概要を示すために目次を掲載する。目次の項目を一覧すればわかるように，本会計基準は，契約の識別，履行義務の識別，履行義務の充足による収益の認識，収益の額の算定及び契約資産・契約負債及び債権と収益の認識基準について，網羅的，包括的にまとめたものである。

　そこで，法人税においてどのように対応するかが問題となった。これまでの法人税法22条の所得計算の通則規定と法人税基本通達の取扱いでの対応が問われることになったといえる。

1．会計基準

　本会計基準の「目的」から「適用時期」及び「結論の背景」にわたって項目№ 1〜161が設けられている。

　参考に，本会計基準の目次を次に掲記する。「目的」1項から「開発にあたっての基本方針」161項までにわたっている。

【参考：本会計基準の目次】

企業会計基準第29号 「収益認識に関する会計基準」

平成30年 3 月30日　企業会計基準委員会

目　次	項
目的	1
会計基準	3
Ⅰ．範囲	3
Ⅱ．用語の定義	5
Ⅲ．会計処理	16
1．基本となる原則	16
2．収益の認識基準	19
(1) 契約の識別	19
(2) 契約の結合	27
(3) 契約変更	28
(4) 履行義務の識別	32
(5) 履行義務の充足による収益の認識	35
3．収益の額の算定	46
(1) 取引価格に基づく収益の額の算定	46
(2) 取引価格の算定	47
(3) 履行義務への取引価格の配分	65
(4) 取引価格の変動	74
4．契約資産，契約負債及び債権	77
Ⅳ．開示	79
1．表示	79
2．注記事項	80
Ⅴ．適用時期等	81
1．適用時期	81

2．経過措置	84
3．その他	90
Ⅵ．議決	91
結論の背景	92
経緯	92
開発にあたっての基本的な方針	97
Ⅰ．範囲	102
Ⅱ．用語の定義	110
Ⅲ．会計処理等	114
（IFRS第15号の定め及び結論の根拠を基礎としたもの）	114
1．基本となる原則	115
2．収益の認識基準	117
(1) 契約の識別	117
(2) 契約の結合	121
(3) 契約変更	122
(4) 履行義務の識別	127
(5) 履行義務の充足による収益の認識	132
3．収益の額の算定	140
(1) 取引価格の算定	140
(2) 履行義務への取引価格の配分	146
(3) 取引価格の変動	149
4．契約資産，契約負債及び債権	150
（IFRS第15号の定め及び結論の根拠を基礎としたもの以外のもの）	151
1．収益の認識基準	151
(1) 契約の結合	151
(2) 履行義務の充足による収益の認識	152
2．表示	155

3．注記事項	156
Ⅳ．適用時期等	157
1．適用時期	157
2．経過措置	159
本会計基準の公表による他の会計基準等についての修正	

2．適用指針

　本会計基準の適用する際の留意点などを記した指針を定めることを目的とした本適用指針について項目№1〜189が設けられている。

　参考に，本適用指針の目次を次に掲記する。「目的」1項から「結論の背景，経緯」189項までにわたっている。

【参考：本適用指針の目次】
企業会計基準適用指針第30号「収益認識に関する会計基準の適用指針」
平成30年3月30日　企業会計基準委員会

目　次	項
目的	1
適用指針	2
Ⅰ．範囲	2
Ⅱ．用語の定義	3
Ⅲ．会計処理	4
1．収益の認識基準	4
(1)　履行義務の識別	4
(2)　別個の財又はサービス	5
(3)　履行義務の充足による収益の認識	8
(4)　一定の期間にわたり充足される履行義務	9

(5) 一時点で充足される履行義務 ··· 14
　(6) 履行義務の充足に係る進捗度 ··· 15
2．収益の額の算定 ·· 23
　(1) 変動対価 ·· 23
　(2) 契約における重要な金融要素 ··· 27
　(3) 顧客に支払われる対価 ·· 30
　(4) 履行義務への取引価格の配分 ··· 31
3．特定の状況又は取引における取扱い ··· 34
　(1) 財又はサービスに対する保証 ··· 34
　(2) 本人と代理人の区分 ·· 39
　(3) 追加の財又はサービスを取得するオプションの付与 ·········· 48
　(4) 顧客により行使されない権利（非行使部分） ······················ 52
　(5) 返金が不要な契約における取引開始日の顧客からの支払 ·· 57
　(6) ライセンスの供与 ·· 61
　(7) 買戻契約 ·· 69
　(8) 委託販売契約 ·· 75
　(9) 請求済未出荷契約 ·· 77
　(10) 顧客による検収 ·· 80
　(11) 返品権付きの販売 ·· 84
4．工事契約等から損失が見込まれる場合の取扱い ························· 90
5．重要性等に関する代替的な取扱い ··· 92
　(1) 契約変更 ·· 92
　(2) 履行義務の識別 ·· 93
　(3) 一定の期間にわたり充足される履行義務 ···························· 95
　(4) 一時点で充足される履行義務 ··· 98
　(5) 履行義務の充足に係る進捗度 ··· 99
　(6) 履行義務への取引価格の配分 ··· 100

(7) 契約の結合，履行義務の識別及び独立販売価格に基づく取引価格の配分 ·· 101

　(8) その他の個別事項 ··· 104

Ⅳ．開示 ·· 105

１．表示 ··· 105

Ⅴ．適用時期等 ·· 107

Ⅵ．議決 ··· 108

結論の背景 ·· 109

経緯 ·· 109

Ⅰ．会計処理等 ·· 111

(IFRS 第15号の定め及び結論の根拠を基礎としたもの) ······························· 111

１．収益の認識基準 ·· 112

　(1) 別個の財又はサービス ·· 112

　(2) 一定の期間にわたり充足される履行義務 ··· 115

　(3) 履行義務の充足に係る進捗度 ·· 123

２．収益の額の算定 ·· 126

　(1) 変動対価 ·· 126

　(2) 契約における重要な金融要素 ·· 127

　(3) 履行義務への取引価格の配分 ·· 129

３．特定の状況又は取引における取扱い ·· 131

　(1) 財又はサービスに対する保証 ·· 132

　(2) 本人と代理人の区分 ··· 135

　(3) 追加の財又はサービスを取得するオプションの付与 ·························· 139

　(4) 返金が不要な契約における取引開始日の顧客からの支払 ··················· 141

　(5) ライセンスの供与 ·· 143

　(6) 買戻契約 ·· 153

　(7) 請求済未出荷契約 ·· 159

　(8) 返品権付きの販売 ·· 161

[1] 収益認識に関する会計基準の概要

(IFRS 第15号の定め及び結論の根拠を基礎としたもの以外のもの) ·················· 162
1．工事契約等から損失が見込まれる場合の取扱い ································ 162
2．重要性等に関する代替的な取扱い ·· 164
 (1) 契約変更 ·· 165
 (2) 履行義務の識別 ··· 166
 (3) 一定の期間にわたり充足される履行義務 ······························ 168
 (4) 一時点で充足される履行義務 ·· 171
 (5) 履行義務の充足に係る進捗度 ·· 172
 (6) 履行義務への取引価格の配分 ·· 173
 (7) 契約の結合，履行義務の識別及び独立販売価格に基づく取引価格の配分 ·· 174
 (8) その他の個別事項 ·· 177
 (9) 代替的な取扱い等を設けなかった項目 ······························ 182

3．設 例

本会計基準の適用にあたっての参考として，本適用指針に設例がNo.1～30にわたって設けられている。その設例項目を以下に掲げておく。設例1から設例30までである。

Ⅰ．基本となる原則に関する設例
 [設例1] 収益を認識するための5つのステップ（商品の販売と保守サービスの提供）
Ⅱ．IFRS 第15号の設例を基礎とした設例
1．契約の識別
 [設例2] 対価が契約書の価格と異なる場合
2．契約変更
 [設例3] 契約変更後の取引価格の変動
 [設例4] 累積的な影響に基づき収益を修正する契約変更

3．履行義務の識別

　［設例5］　財又はサービスが別個のものではない場合

　　［設例5-1］　重要な統合サービス（病院の建設）

　　［設例5-2］　重要な統合サービス（特殊仕様の装置）

　［設例6］　財又はサービスが別個のものであるかどうかの判定

　　［設例6-1］　インストール・サービス

　　［設例6-2］　インストール・サービス（顧客仕様のソフトウェア）

　　［設例6-3］　据付サービス

　　［設例6-4］　特別仕様の消耗品

4．一定の期間にわたり充足される履行義務

　［設例7］　資産の別の用途への転用の可能性及び対価を収受する強制力のある権利の評価

　［設例8］　履行義務が一定の期間にわたり充足されるのか一時点で充足されるのかの判定

　　［設例8-1］　履行を完了した部分について対価を収受する強制力のある権利を有していない場合

　　［設例8-2］　履行を完了した部分について対価を収受する強制力のある権利を有している場合

　　［設例8-3］　履行を完了した部分について対価を収受する強制力のある権利を有している場合（顧客の債務不履行時に契約を解約できる場合）

5．履行義務の充足に係る進捗度

　［設例9］　履行義務の充足に係る進捗度の見積り（インプット法）

6．変動対価

　［設例10］　変動対価の見積り

　［設例11］　返品権付きの販売

　［設例12］　価格の引下げ

　　［設例12-1］　変動対価の見積りが制限されない場合

　　［設例12-2］　変動対価の見積りが制限される場合

［設例13］　数量値引きの見積り
7．顧客に支払われる対価
　　　［設例14］　顧客に支払われる対価
8．履行義務への取引価格の配分
　　　［設例15］　値引きの配分
　　　　　［設例15-1］　値引きを1つ又は複数の履行義務に配分する場合
　　　　　［設例15-2］　残余アプローチが認められる場合
　　　　　［設例15-3］　残余アプローチが認められない場合
9．財又はサービスに対する保証
　　　［設例16］　財又はサービスに対する保証
10．本人と代理人の区分
　　　［設例17］　企業が代理人に該当する場合
　　　［設例18］　企業が本人に該当する場合（オフィス・メンテナンス・サービスの提供）
　　　［設例19］　企業が本人に該当する場合（航空券の販売）
　　　［設例20］　同一の契約において企業が本人と代理人の両方に該当する場合
11．追加の財又はサービスを取得するオプションの付与
　　　［設例21］　重要な権利を顧客に与えるオプション（更新オプション）
　　　［設例22］　カスタマー・ロイヤルティ・プログラム
12．ライセンスの供与
　　　［設例23］　知的財産を使用する権利
　　　［設例24］　別個のライセンスの識別
　　　　　［設例24-1］　ライセンスが別個のものではない場合
　　　　　［設例24-2］　ライセンスが別個のものである場合
　　　［設例25］　フランチャイズ権
13．買戻契約
　　　［設例26］　買戻契約

［設例26-1］　コール・オプションの場合（金融取引）
　　　［設例26-2］　プット・オプションの場合（リース取引）
Ⅲ．我が国に特有な取引等についての設例
　　［設例27］　消費税等
　　［設例28］　小売業における消化仕入等
　　［設例29］　他社ポイントの付与
　　［設例30］　工事損失引当金

Ⅳ　本会計基準の適用対象企業・適用範囲

1．主な適用対象企業等

　企業会計基準委員会から公表される企業会計基準は，所要の手続を経て，一般に公正妥当と認められる企業会計の基準となるので，市場関係者や会計監査にとっても，それに準拠し，あるいは判断の拠り所となる企業会計上の規範であるとされている。

　主に金融商品取引法の規制の適用対象会社（上場会社，有価証券届出書・有価証券報告書提出会社）や会社法上の会計監査人を設置している会社（資本金5億円以上，又は負債総額200億円以上の会社，監査等委員会設置会社及び指名委員会等設置会社）などの会計処理の基準とされている。

2．中小企業との関係

　上記1．の対象企業以外の中小企業については，中小企業向けの会計基準としては「中小企業の会計に関する指針」，「中小企業の会計に関する基本要領」がある。なお，「中小企業の会計に関する基本要領」は国際会計

基準の影響は受けないものとされている。したがって，中小企業に対する会計基準に直ちに新たに開発された本会計基準が適用されるわけではない。

なお，その会社の資本金等は中小企業の範囲に該当するとしても，上場企業又は大会社のグループ内の子会社である場合は，原則として連結財務諸表の連結範囲に該当する。その場合は，当該子会社も親会社と同様の会計基準を適用することになる点は留意する必要がある。

一方，子会社に該当しても連結グループとして重要性がないと考えられる子会社については，重要性の原則を適用し，連結の範囲外とすることができる。

3．本会計基準の適用時期

本会計基準は，平成33年4月1日以後開始する事業年度の期首から適用するとされており，平成33年4月1日以後開始する事業年度の期首から強制適用になる。

ただし，平成30年4月1日以後開始する事業年度の期首から本会計基準を適用することができる（早期任意適用）。さらに，平成30年12月31日に終了する事業年度から平成31年3月30日に終了する事業年度までにおける年度末に係る連結財務諸表及び個別財務諸表から本会計基準を適用することができる（年度末財務諸表についての早期任意適用）（会基81～83）。

4．本会計基準の適用範囲

本会計基準は，次の(1)から(6)を除き，顧客との契約から生じる収益に関する会計処理及び開示に適用される（会基3）。

(1) 企業会計基準第10号「金融商品に関する会計基準」の範囲に含まれる金融商品に係る取引

(2) 企業会計基準第13号「リース取引に関する会計基準」の範囲に含まれるリース取引
(3) 保険法における定義を満たす保険契約
(4) 顧客又は潜在的な顧客への販売を容易にするために行われる同業他社との商品又は製品の交換取引（例えば，2つの企業の間で，異なる場所における顧客からの需要を適時に満たすために商品又は製品を交換する契約）
(5) 金融商品の組成又は取得に際して受け取る手数料
(6) 日本公認会計士協会会計制度委員会報告第15号「特別目的会社を活用した不動産の流動化に係る譲渡人の会計処理に関する実務指針」（不動産流動化実務指針）の対象となる不動産・不動産信託受益権の譲渡

これらの個別会計基準について適用が除外される理由は，次による。

上記(1)～(4)については，IFRS第15号においても適用範囲に含めないこととしているため，それに準じて本会計基準においても適用範囲から除外した。

(5)については，会計処理の見直しの可能性があること，(6)については，不動産流動化実務指針との関係で特別目的会社を連結範囲に含めるかどうかについて今後の検討とされていることから適用除外とした。

V 本会計基準と法人税における対応

1. 網羅的かつ包括的な収益認識基準の開発・公表

わが国においては，これまでの収益の認識に係る会計基準としては，企業会計原則による一般的な基準である「実現主義」があった。企業会計原則においては，実現主義について，「売上高は，実現主義の原則に従い，

商品等の販売又は役務の給付によって実現したものに限る。」(損益計算書原則三B)と定め,販売基準を原則としていた。

その上で,企業会計原則注解【注6】において委託販売,試用販売,予約販売,割賦販売について基本的考え方を定め,【注7】において工事進行基準,工事完成基準が定められている程度であった。

また,「税法と企業会計原則との調整に関する意見書(昭和27年経済安定本部企業会計基準審議会中間報告)」で,「『実現』に関する会計上の証拠は,原則として,企業の生産する財貨または役務が外部に販売されたという事実に求められる」として販売基準であるとしていた。そして権利確定主義との関係で「税法上においても,権利確定主義に拘泥すること」がなく,健全な商慣習上販売の履行として一般に認められている事実によることを認めることが望ましいとしていた(二実現主義の原則の適用)。

いずれにしても,わが国の企業会計においては,網羅的,包括的な収益認識の基準はなかったといえる。

本会計基準は,上記のように本会計基準,本適用指針の各々において100数十項目を設け,さらに設例を設け,網羅的,包括的に各個別取引に即した収益の認識基準を定めたものである。

2.法人税の対応

上記のように会計基準の側で,本会計基準,本適用指針として包括的,詳細な収益に係る認識基準が定められ,それが企業会計原則に優先して,大企業を中心に強制適用されることになった。

そうすると,法人税の側においてもどのように対応するかが問題となった。経済界の要望としては,本会計基準の適用によって法人税の所得金額の計算が煩雑にならないように,例えば,別表四での申告調整が数多く生ずることがないようにしてほしい旨の要望があった。

これらを踏まえて行われたのが，平成30年度の「収益認識に関する会計基準等への対応」としての法人税の改正（以下「本改正」という。）である。本会計基準の本格適用は，平成33年4月1日以後開始事業年度からであるが，本会計基準の早期任意適用を踏まえて平成30年度改正で対応したものである。

3．本改正の概要

　本会計基準の開発・公表に対応して，法人税における法令及び通達の改正からなる本改正の概要は，次のとおりである。
(1)　法人税法22条4項の公正処理基準の適用における「別段の定め」の優先

　「4　第2項に規定する当該事業年度の収益の額及び前項各号に掲げる額は，別段の定めがあるものを除き，一般に公正妥当と認められる会計処理の基準に従つて計算されるものとする。」

　従来からの一般的理解として，公正処理基準に対して別段の定めが優先するものと考えられていたところであるが，念のためにそのことを改めて規定したものと思われる。
(2)　別段の定めの創設

　本会計基準が公表されたことを契機に，法人税法の従来からの立場を明確にする意義をもつものとして，益金の額の別段の定めとして法人税法22条の2（以下「本規定」という。）が創設された。

　会計基準の側でこれまで詳細な基準がなかった収益に関する認識基準について，網羅的，包括的な基準を定めることになると，法人税法の益金の額の計算について，本会計基準との関係が問題にならざるを得なくなったといえる。本会計基準をそのまま公正処理基準として丸呑みすることは，公平かつ適正な課税所得金額を計算する法人税法の立場からは，できない

部分も生ずることになる。そのため，益金の額に関する別段の定めを設けて対応したものと考えられる。特に法人税法22条2項の益金の額に関する収益の額の帰属事業年度及び収益の額について，別段の定めとして，その基本的基準を確認的に明確化したものが本規定である。

　① 本規定では，その1項から3項において，収益の額の帰属事業年度について原則及び「近接する日」に関する取扱いを定めた。

　② 本規定の4項，5項において，収益の額として「益金の額に算入する金額」について，「販売等した資産の引渡しの時の価額」，「提供した役務につき通常得べき対価の額」による原則を明確化し，貸倒れ，返品可能性については収益の額の問題でないことを明確にした。

　③ 値引き，割戻し等による譲渡資産等の時価の事後的な変動についての修正処理について明確化した（本規定⑦，法令18の2）。

(3) 法人税基本通達の全面的見直し

　益金の額に関する別段の定めとして本規定を定めるとともに，収益の額に関して定められていた法人税基本通達を全面的に見直し，整備した。

(4) 返品調整引当金の廃止

　本会計基準の処理に対応すると会計処理が認められなくなる返品調整引当金について，法人税においても廃止することとし，それに伴う経過措置を手当てした。

(5) 長期割賦販売等に係る延払基準の廃止

　本会計基準の処理に対応すると会計処理が認められなくなる長期割賦販売等に係る延払基準処理について，法人税においても廃止することとし，それに伴う経過措置を手当てした。

(6) その他

　直接は本会計基準の開発・公表とは関係がないが，本規定の6項で法人税法22条5項の資本等取引に関連して，利益又は剰余金の分配及び残余財

産の分配又は引渡し等による資産の譲渡に係る収益の額は，無償による収益の額に含まれることを確認的に明確化した。

〔1〕収益認識に関する会計基準の概要

〔2〕収益計上の単位

〔3〕収益の額の帰属事業年度
〔4〕益金の額に算入すべき収益の額
〔5〕返品調整引当金の廃止
〔6〕長期割賦販売等に係る延払基準の廃止
〔7〕本改正と中小企業に対する影響
〔8〕収益認識基準と消費税
〔9〕条文構成の問題点

I　収益計上の単位の通則

1．複数の契約が単一の履行義務

　本会計基準では，同一の顧客と同時又はほぼ同時に締結した複数の契約について，次の(1)から(3)のいずれかに該当する場合には，当該複数の契約を結合し，単一の契約とみなして処理する（会基27）。

(1)　当該複数の契約が同一の商業的目的を有するものとして交渉されたこと
(2)　1つの契約において支払われる対価の額が，他の契約の価格又は履行により影響を受けること
(3)　当該複数の契約において約束した財又はサービスが，履行義務の識別に関する規定（会基32～34）に従うと単一の履行義務となること

2．単一の契約が複数の履行義務

　顧客に約束した財又はサービスが，次の(1)及び(2)の要件のいずれも満たす場合には，別個のものとされる（会基34）。

(1)　当該財又はサービスから単独で顧客が便益を享受することができること，あるいは，当該財又はサービスと顧客が容易に利用できる他の資源を組み合わせて顧客が便益を享受することができること（すなわち，当該財又はサービスが別個のものとなる可能性があること）
(2)　当該財又はサービスを顧客に移転する約束が，契約に含まれる他の約束と区分して識別できること（すなわち，当該財又はサービスを顧客に移転する約束が契約の観点において別個のものとなること）

Ⅱ 本改正前の法人税における収益計上の単位

　本改正前の法人税においては，契約ごとの取引単位で収益の認識を行っていた。したがって，取引単位に関わるようなこと，例えば機械設備等の販売に伴う据付工事のような区別された取引については，収益の計上時期の問題としていた。

　すなわち，機械設備の販売に係る収益と据付工事に係る収益との計上時期の問題として捉えていたといえる（旧法基通2-1-10）。

Ⅲ 法人税における収益計上の単位の通則

1．単位に関する条文の適用関係

　収益の認識の単位について，法人税法，同施行令では特に定めていない。したがって，法人税法等で特に定めていないことについては，白地部分として法人税法22条4項の公正処理基準が適用になる。したがって，本会計基準における履行義務単位での認識が認められることになる。もちろん，従来の企業会計原則等の慣行である契約に定められた取引単位での認識も従来通りに認められることになる。この点について，立法担当者は次のように整理している[1]。

　「収益認識に関する会計基準による収益の認識のステップ2（収益の認識の単位）については，法人税法第22条の2において規定されていないため，同法第22条第4項の射程内となると考えられます。したがって，ある

1　財務省「平成30年度税制改正の解説」財務省HP280頁。

取引につき，法人税法第23条以下に定めがない場合には，その取引から益金算入すべき収益の額が生ずることが同法第22条第2項で規定され，認識時期及び益金の額が同法第22条の2で規定され，認識の単位が同法第22条第4項で規定されているという構造となります。」（下線は筆者）

2．単位の一般的通則

　本会計基準の特徴は，収益の認識を契約単位の取引で行うのではなく，契約に含まれている履行義務単位で収益を認識することにある。

　そこで法人税においても，収益計上の単位を履行義務単位とする処理を認めることとした。改正後の法人税基本通達2-1-1（新設）では，そのことを通則的に定めた。

　すなわち，同通達は，資産の販売若しくは譲渡又は役務の提供（以下「資産の販売等」という。）に係る収益の額は，原則として従来どおりに個々の契約ごとの取引で計上するものとした。

　ただし，次に掲げる場合に該当する場合には，それぞれ次に定めるところにより区分した単位，すなわち履行義務単位ごとにその収益の額を計上することができるとした（法基通2-1-1）。

(1) 同一の相手方及びこれとの間に支配関係その他これに準ずる関係のある者と同時期に締結した複数の契約について，当該複数の契約において約束した資産の販売等を組み合わせて初めて単一の履行義務（本会計基準7項に定める履行義務をいう。）となる場合には，当該複数の契約による資産の販売等を組み合せたものを一の履行義務とする。

(2) 一の契約の中に複数の履行義務が含まれている場合には，それぞれの履行義務に係る資産の販売等を各履行義務とする。

(3) (2)とみなしての適用

　同一の相手方及びこれとの間に支配関係その他これに準ずる関係のある

者と同時期に締結した複数の契約について，次のいずれかに該当する場合には，当該複数の契約を結合したものを一の契約とみなして，上記のただし書の(2)を適用する。

　すなわち，その一の契約としたものに複数の履行義務が含まれる場合は，それぞれの履行義務単位で収益を認識するものとしている（法基通2－1－1注1）。

① 　当該複数の契約が同一の商業目的を有するものとして交渉されたこと。
② 　一の契約において支払を受ける対価の額が，他の契約の価格又は履行により影響を受けること。

3．工事請負契約の場合の単位

　工事（製造及びソフトウエアの開発を含む。）の請負契約について，次の(1)に区分した単位における収益の計上時期及び金額が，次の(2)に区分した単位における収益の計上時期及び金額に比してその差異に重要性が乏しいと認められる場合には，次の(1)に区分した単位ごとにその収益の額を計上することができる。

(1)　当事者間で合意された実質的な取引の単位を反映するように複数の契約（異なる相手方と締結した複数の契約又は異なる時点に締結した複数の契約を含む。）を結合した場合のその複数の契約において約束した工事の組合せ

(2)　同一の相手方及びこれとの間に支配関係その他これに準ずる関係のある者と同時期に締結した複数の契約について，上記の法人税基本通達2－1－1のただし書の(1)又は(2)に掲げる場合に該当する場合（ただし書の(2)にあっては，(3)のみなし適用される場合に限る。）におけるそれぞれ上記ただし書の(1)又は(2)に定めるところにより区分した単位

一の資産の販売等に係る契約につき，上記通達ただし書の適用を受けた場合には，同様の資産の販売等に係る契約については，継続してその適用を受けた上記通達のただし書(1)又は(2)に定めるところにより区分した単位ごとに収益の額を計上することに留意する。

4．履行義務単位での判定

　本改正により法人税においても，複数の契約が単一の履行義務となる場合には，本会計基準の考え方を取り入れて，その結合した単位を収益計上の単位とすることができることとした。逆に1つの契約に複数の履行義務が含まれている場合には，その各履行義務単位で収益計上の単位とした。

　これに伴い，例えば，請負工事が10億円以上の長期大規模工事に該当し，強制工事進行基準（法法64①）の適用があるか否かは，その結合した又は区分した履行義務単位で判定することになる。

Ⅳ　収益の計上単位の具体的取扱い

1．収益の計上単位の整備

　収益の計上単位について，法人税においては，原則として，従来は契約の取引単位で収益の認識をしてきたが，本会計基準とあわせて履行義務単位での収益の認識を行うことを可能にした。

　これにより，従来は収益の計上時期に関する通達として定められていたもののうち，いくつかのものが収益計上単位の問題とされ，改正後の法人税基本通達においては，そのように整備された。その整備された後の改正法人税基本通達について概観する。

(1) 機械装置販売と機械据付工事（法基通2－1－1の2←旧法基通2－1-10）

　機械装置を販売した場合において，据付工事が相当規模のもので，かつ，対価の額を合理的に区分できるときは，それぞれが別個な履行義務に該当するか否かにかかわらず，その区分した単位で収益の額を計上することができる。

(2) 資産の販売等に伴う保証（法基通2－1－1の3←新設）

　法人が資産の販売等に伴い，その資産の販売等に対する保証を行った場合において，その保証がその資産等が合意された仕様に従っているという保証のみであるときは，当該保証は資産の販売等と別の取引単位として収益の額を計上することにはならない。

(3) 部分完成の事実がある場合の収益の計上単位（法基通2－1－1の4←旧法基通2－1－9）

　法人が請け負った建設工事等について次の事実がある場合には，建設工事等の全部が完成しないときにおいても，その事業年度において引き渡した建設工事等の量又は完成した部分に区分した単位ごとに収益の額を計上する。

① 一の契約により同種の建設工事等を多量に請け負ったような場合で，その引渡量に従い工事代金を収入する旨の特約又は慣習がある場合

② 1個の建設工事等であっても，その建設工事等の一部が完成し，その完成した部分を引き渡した都度その割合に応じて工事代金を収入する旨の特約又は慣習がある場合

(4) 技術役務の提供に係る収益の計上単位（法基通2－1－1の5←旧法基通2－1－12）

　設計，作業の指揮監督，技術指導等の技術役務の提供について次の事実がある場合には，次の期間又は作業に係る部分に区分した単位ごとにその収益の額を計上する。

① 　報酬の額が現地に派遣する技術者等の数及び滞在期間の日数等により算定され，かつ，一定の期間ごとにその金額を確定させて支払を受けることとなっている場合

② 　例えば基本設計に係る報酬の額と部分設計に係る報酬の額が区分されている場合のように，報酬の額が作業の段階ごとに区分され，かつ，それぞれの段階の作業が完了する都度その金額を確定させて支払を受けることとなっている場合

(5) ノウハウの頭金等の収益の計上単位（法基通2－1－1の6←旧法基通2－1－17）

　ノウハウの開示が2回以上にわたって分割して行われ，かつ，その設定契約に際して支払を受ける一時金又は頭金がほぼこれに見合って分割して支払われることとなっている場合には，その開示した部分に区分した単位ごとにその収益の額を計上する。

　ただし，次の点については留意する必要がある（法基通2－1－1の6注書）。

① 　ノウハウの設定契約に際して支払を受ける一時金又は頭金の額がノウハウの開示のために現地に派遣する技術者等の数及び滞在期間の日数等により算定され，かつ，一定の期間ごとにその金額を確定させて支払を受けることとなっている場合には，その期間に係る部分に区分した単位ごとにその収益の額を計上する。

② ノウハウの設定契約の締結に先立って，相手方に契約締結の選択権を付与する場合には，その選択権の提供を当該ノウハウの設定とは別の取引の単位としてその収益の額を計上する。

2．ポイント等を付与した場合の収益の計上単位

(1) 本会計基準の変動対価である顧客に支払われる対価

取引価格の算定にあたっては，変動対価，契約における重要な金融要素，現金以外の対価，顧客に支払われる対価が考慮されなければならない（会基48）。

顧客に支払われる対価としては，企業が顧客に対して支払う又は支払うと見込まれる現金の額や，顧客が企業に対する債務額に充当できるもの（例えばクーポン）の額を含む（会基63）。顧客に支払われる対価は取引価格から減額する。

(2) 追加の財又はサービスを取得するオプションの付与

本会計基準においては，顧客に支払われる対価の1つに追加の財又はサービスを取得するオプションの付与がある。顧客との契約において，既存の契約に加えて追加の財又はサービスを取得するオプションを顧客に付与する場合において，そのオプションが当該契約を締結しなければ顧客が受け取れない重要な権利を顧客に提供するときには，当該オプションから履行義務が生じる。この場合には，将来の財又はサービスが移転する時，あるいは当該オプションが消滅する時に収益を認識する（指針48）。

この重要な権利を顧客に提供する場合とは，例えば，追加の財又はサービスを取得するオプションにより，顧客が属する地域や市場における通常の値引きの範囲を超える値引きを顧客に提供する場合をいう。

(3) 本会計基準における自己発行ポイント等の処理

＜参考「指針・設例22」カスタマー・ロイヤルティ・プログラムを基に簡単化した事例＞

商品Aの売上額10,000円に対し，自社で利用されるポイント1,000円を付与する。消化率100％と仮定する。商品Aの独立販売価格10,000円，ポイントの独立販売価格1,000円とする。このポイント付与は，重要な権利を顧客に提供する場合であるとする。

(借) 現預金　10,000　　　（貸) 売　　上　　9,090＊
　　　　　　　　　　　　　　　　契約債務　　　910＊

＊商品の販売とポイントに独立販売価格に基づき配分する。
$$10,000 \times \frac{10,000}{10,000+1,000} = 9,090$$

＊参考に，重要な権利を顧客に提供しない（一般的な値引き程度である）場合の他社発行ポイントの付与についての処理を次に記載する。

＜参考「指針・設例29」他社ポイントの付与を基にした事例＞

① 商品の販売時（B社ポイントの付与時）

A社は，自社の店舗で商品を顧客に現金10,000円で販売するとともに，顧客に対してB社ポイントが100ポイント付与される旨を伝達した。同時に，A社はB社に対してポイント付与の旨を連絡した。このポイント付与は，A社の観点からは重要な権利を顧客に提供する場合ではないとする。

(借) 現金預金　10,000　　　（貸) 売上高　　9,900
　　　　　　　　　　　　　　　　未払金　　　100

② A社からB社に対するポイント相当額の支払時

(借) 未払金　　　100　　　（貸) 現金預金　100

(4) 法人税の自己発行ポイント等の取扱い（法基通２−１−１の７←新設）

自社商品販売等に係る自己発行ポイントの付与については，本改正前

は，会計上は引当金処理して，法人税はその引当金処理による損金算入を認めずに，実際にポイントを使用した段階で費用を損金処理していた。

　しかし，上記のような本会計基準の取扱いを踏まえて，法人税も一定の条件を前提として本会計基準の処理を容認することとした。

　すなわち，法人が資産の販売等に伴い，いわゆるポイント又はクーポンその他これらに類するもの（「ポイント等」という。）で，将来の資産の販売等に際して，相手方からの呈示があった場合には，その呈示のあった単位数等と交換に，その将来の資産の販売等に係る資産又は役務について，値引きして，又は無償により，販売若しくは譲渡又は提供をすることとなるものを相手方に付与する場合において，次の要件の全てを満たすときは，継続適用を条件として，自己発行ポイント等について当初の資産の販売等とは別の取引に係る収入の一部又は全部の前受けとすることができるものとした。

　この場合の自己発行ポイント等とは，その法人以外の者が運営するものを除き，特定の会員等特別の者に対してだけでなく，不特定多数の者に付与する場合に限るものである。

＜自己発行ポイント等の要件＞

(1) その付与した自己発行ポイント等が当初の資産の販売等の契約を締結しなければ相手方が受け取れない重要な権利を与えるものであること。
(2) その付与した自己発行ポイント等が発行年度ごとに区分して管理されていること。
(3) 法人がその付与した自己発行ポイント等に関する権利につきその有効期限を経過したこと，規約その他の契約で定める違反事項に相手方が抵触したことその他の当該法人の責に帰さないやむを得ない事情があるこ

と以外の理由により一方的に失わせることができないことが規約その他の契約において明らかにされていること。
(4) 次のいずれかの要件を満たすこと。
① その付与した自己発行ポイント等の呈示があった場合に値引き等をする金額が明らかにされており，かつ，将来の資産の販売等に際して，たとえ１ポイント又は１枚のクーポンの呈示があっても値引き等をすることとされていること。

　なお，一定単位数等に達しないと値引き等の対象にならないもの，割引券（将来の資産の販売等の対価の額の一定割合を割り引くことを約する証票をいう。）及びいわゆるスタンプカードのようなものはこの要件を満たす自己発行ポイント等には該当しない。
② その付与した自己発行ポイント等が当該法人以外の者が運営するポイント等又は自ら運営する他の自己発行ポイント等で，上記①に該当するものと所定の交換比率により交換できることとされていること。

(注) 自己発行ポイント等の付与について別の取引に係る収入の一部又は全部の前受けとする場合には，当初資産の販売等に際して支払を受ける対価の額を，当初資産の販売等に係る引渡し時の価額等（その販売若しくは譲渡をした資産の引渡しの時における価額又はその提供をした役務につき通常得べき対価の額に相当する金額をいう。）と，当該自己発行ポイント等に係るポイント等相当額とに合理的に割り振る。

　前受けとされた自己発行ポイント等については，原則としてその使用に応じて益金算入する。一定期間経過後等の未使用部分の一括計上については，商品引換券等の取扱いに準ずることとする（下記(5)参照）。

(5) 自己発行ポイント等の付与に係る収益の帰属の時期（法基通２−１−39の３←新設）

　法人が自己発行ポイント等の取扱い（法基通２−１−１の７）を適用する場合には，前受けとした額は，将来の資産の販売等に際して値引き等をす

るに応じて，その失効をすると見積もられる自己発行ポイント等も勘案して，その値引き等をする日の属する事業年度の益金の額に算入する。この失効をすると見積もられる自己発行ポイント等の勘案を行う場合には，過去における失効の実績を基礎とする等合理的な方法により見積もられたものであること及びその算定の根拠となる書類が保存されていることが必要である。

なお，その自己発行ポイント等の付与の日から10年が経過した日の属する事業年度終了の時において行使されずに未計上となっている自己発行ポイント等がある場合には，その自己発行ポイント等に係る前受けの額を当該事業年度の益金の額に算入する。

また，自己発行ポイント等の付与の日から10年が経過した日前に次に掲げる事実が生じた場合には，その事実が生じた日の属する事業年度終了の時において行使されずに未計上となっている自己発行ポイント等に係る前受けの額を当該事業年度の益金の額に算入する。

① 法人が付与した自己発行ポイント等をその付与に係る事業年度ごとに区分して管理しないこと又は管理しなくなったこと。
② その自己発行ポイント等の有効期限が到来すること。
③ 法人が継続して収益計上を行うこととしている基準に達したこと。この基準とは，例えば，付与日から一定年数が経過したこと，自己発行ポイント等の付与総数に占める未行使の数の割合が一定割合になったことその他の合理的に定められた基準のうち法人が予め定めたもの（会計処理方針その他のものによって明らかとなっているものに限る。）が該当する。

(6) 自己発行ポイント等の付与に係る収益の取扱いに関連した金品引換券付販売に係る費用等の取扱い

自己発行ポイント等の付与に係る収益の額について，従来は，次に掲げた通達のように，ポイント等が使用されたときに損金の額として処理していた。

ところが，本会計基準に基づき上記(4)，(5)のように，当初の資産の販売等とは別の取引に係る収入の一部又は全部の前受けとする処理をした場合においては，従来のような費用処理は行わないことを意味する。

これに対応して，次の通達では，実際のポイントの使用時等における費用処理から除外することとした。
① 法人税基本通達9－7－1（抽選券付販売に要する景品等の費用）
② 法人税基本通達9－7－2（金品引換券付販売に要する費用）

3．資産の販売等に係る収益の額に含めないことができる利息相当部分
(1) 本会計基準の取扱い

本会計基準では，契約の当事者が明示的又は黙示的に合意した支払時期により，財又はサービスの顧客への移転に係る信用供与についての重要な便益が顧客又は企業に提供される場合には，顧客との契約は重要な金融要素を含むものとする（会基56）。

<参考例>

顧客との間で契約締結と同時に商品を引き渡した。顧客は契約から2年後に対価2,000千円を支払うものとする。対価の調整に用いる金利は5％とする。
① 商品引渡時
（借）売掛金 1,814 （貸）売上 1,814
② 1年後
（借）売掛金 90 （貸）受取利息 90

③ 2年後
　（借）売掛金　　96　　（貸）受取利息　　96
④ 対価受領時
　（借）現金　　2,000　　（貸）売掛金　　2,000

(2) **法人税の取扱い（法基通2－1－1の8←新設）**

　法人税も金銭貸付けに準ずる取引が含まれていると認められる場合には，利息相当分は売上に含めないことができる取扱いとする。

　すなわち，法人が資産の販売等を行った場合において，次の①に掲げる額及び次の②に掲げる事実並びにその他のこれらに関連する全ての事実及び状況を総合的に勘案して，その資産の販売等に係る契約に金銭の貸付けに準じた取引が含まれていると認められるときは，継続適用を条件として，当該取引に係る利息相当額を当該資産の販売等に係る収益の額に含めないことができる。

① 資産の販売等に係る契約の対価の額と現金販売価格（資産の販売等と同時にその対価の全額の支払を受ける場合の価格をいう。）との差額
② 資産の販売等に係る目的物の引渡し又は役務の提供をしてから相手方が当該資産の販売等に係る対価の支払を行うまでの予想される期間及び市場金利の影響

(3) **割賦販売等に係る収益の額に含めないことができる利息相当部分（法基通2－1－1の9←旧法基通2－4－11）**

　取引価格の額に含まれている利息相当部分を収益の額に含めないことができる取引には，割賦販売等の取引やリース譲渡（法法63①のいうリース譲渡）を行った場合において，割賦販売等又はリース譲渡に係る販売代価とその割賦販売期間又はリース期間中の利息相当額が区分されているとき

は，当該利息相当額をその割賦販売等又はリース譲渡に係る収益の額に含めないことができる。

〔1〕収益認識に関する会計基準の概要

〔2〕収益計上の単位

〔3〕収益の額の帰属事業年度

〔4〕益金の額に算入すべき収益の額

〔5〕返品調整引当金の廃止

〔6〕長期割賦販売等に係る延払基準の廃止

〔7〕本改正と中小企業に対する影響

〔8〕収益認識基準と消費税

〔9〕条文構成の問題点

I　本会計基準における収益の計上時期

　本会計基準における収益の額の認識時期については，原則として，既述したように契約単位の取引ではなく，履行義務を識別し，履行義務の充足により収益を認識するとしている。

1．履行義務の識別
　本会計基準の特徴は，顧客との契約の識別から出発するものの，契約における履行義務を単位として収益の認識を行っていく点にある。ここにいう履行義務とは，顧客との契約において，「別個の財又はサービスを顧客に移転する約束」等をいう。そして取引価格を履行義務に配分し，その履行義務の充足により，収益の額を認識するものとしている（会基16，17）。すなわち，履行義務という約束を果たした時に収益を認識するのである。

2．履行義務の充足による収益の認識
　本会計基準によれば，収益は，履行義務が充足した時に認識するとしている。そして本会計基準では，履行義務の充足は，一時点で充足される場合と一定の期間にわたり充足される場合に区分し，その一時点又は一定の期間にわたり充足されるに従って，収益を認識するものとしている（会基35〜40）。
　具体的には，企業は約束した財又はサービス（以下「資産」と記載することもある。）を顧客に移転することにより履行義務を充足した時に又は充足するにつれて，収益を認識する（会基35）。
　資産が移転するのは，顧客が当該資産に対する支配を獲得した時又は獲

得するにつれてである。

　この場合の「資産に対する支配」とは，当該資産の使用を指図し，当該資産からの残りの便益のほとんどすべてを享受する能力（他の企業が資産の使用を指図して資産から便益を享受することを妨げる能力を含む。）をいう（会基37）。

　一定の期間にわたり充足される履行義務，一時点に充足される履行義務とは次のとおりである。

3．一定の期間にわたり充足される履行義務

　次の(1)から(3)の要件のいずれかを満たす場合，資産に対する支配を顧客に一定の期間にわたり移転することにより，一定の期間にわたり履行義務を充足し，その充足に従って収益を認識する（会基38）。

(1)　企業が顧客との契約における義務を履行するにつれて，顧客が便益を享受すること
(2)　企業が顧客との契約における義務を履行することにより，資産が生じる又は資産の価値が増加し，当該資産が生じる又は当該資産の価値が増加するにつれて，顧客が当該資産を支配すること
(3)　次の要件のいずれも満たすこと
　　① 企業が顧客との契約における義務を履行することにより，別の用途に転用することができない資産が生じること
　　② 企業が顧客との契約における義務の履行を完了した部分について，対価を収受する強制力のある権利を有していること

4．一時点で充足される履行義務

　上記3．の(1)〜(3)の要件のいずれも満たさず，履行義務が一定の期間にわたり充足されるものではない場合には，一時点で充足される履行義務と

して，資産に対する支配を顧客に移転することにより当該履行義務が充足される時に，収益を認識する（会基39）。

　資産に対する支配を顧客に移転した時点を決定する，又は支配の移転を検討する際には，例えば，次の(1)から(5)の指標を考慮する（会基40）。
(1)　企業が顧客に提供した資産に関する対価を収受する現在の権利を有していること
(2)　顧客が資産に対する法的所有権を有していること
(3)　企業が資産の物理的占有を移転したこと
(4)　顧客が資産の所有に伴う重大なリスクを負い，経済価値を享受していること
(5)　顧客が資産を検収したこと

Ⅱ　本改正前の収益の額の帰属事業年度に係る法人税の定め等

1．当該事業年度の収益の額

　本改正前の法人税法においては，益金の額に算入すべき収益の額について，法人税法22条2項，同条4項において次のように定めるのみであった。

　「益金の額に算入すべき金額は，別段の定めがあるものを除き，資産の販売，有償又は無償による資産の譲渡又は役務の提供，無償による資産の譲受けその他の取引で資本等取引以外のものに係る当該事業年度の収益の額とする。」

　「第2項に規定する当該事業年度の収益の額……は，一般に公正妥当と認められる会計処理の基準に従つて計算されるものとする。」

　そして，益金の額の帰属事業年度の別段の定めとして，「長期割賦販売

等に係る収益及び費用の帰属事業年度」(法法63),「工事の請負に係る収益及び費用の帰属事業年度」(法法64) などが設けられていた。

収益の帰属事業年度については,法人税法22条2項の「当該事業年度の収益の額」とし,「の」によって「当該事業年度に帰属する収益の額」と解釈するものとされていた[2]。

しかし,本改正前の法人税法においては,収益の額の帰属事業年度に関する基本的考え方及び具体的基準を明文では示してこなかった。法人税法22条4項で,いわゆる公正処理基準に委ねていたといえる。そして実務的には,公正処理基準の適用として旧法人税基本通達2-1-1〜2-1-48において,各個別取引の形態に応じて収益の額の計上時期を定めていた。

したがって,法人税法における収益の帰属事業年度については,その基本的基準を法令では提示せずに,実務は通達によって動いていたのが実態であった。

一方,裁判例においては,権利確定主義が年度帰属の原則的考え方とされており,例えば,最高裁平5.11.25判決は,次のように法人税法の年度帰属に関する規範を示したものとされていた。

【裁判例】権利確定主義を判示した最高裁判決
(最判平5.11.25,民集47巻9号5278頁)
当該事業年度の収益の額は,一般に公正妥当と認められる会計処理の基準に従つて計算すべきものとされている(同条4項)。したがつ

---

[2] この条文の文言については,立法時に「当該事業年度において実現した収益の額」とするべきかの検討が行われたが,実現という用語は主として企業会計の用語であって,その内容が法律上の文言として確定していないこと,当時の税実務上の取扱いが実現の内容に近いものの,一致しているとの保証がないことから,最終的には条文のような表現になったといわれている(『改正税法のすべて〔昭和40年度版〕』103頁)。

て、ある収益をどの事業年度に計上すべきかは、一般に公正妥当と認められる会計処理の基準に従うべきであり、これによれば、収益は、その実現があつた時、すなわち、その収入すべき権利が確定したときの属する年度の益金に計上すべきものと考えられる。

2．旧法人税基本通達の定め

上記のように本改正前の収益の額に係る帰属事業年度については、具体的には法人税基本通達により、個別の取引形態に応じて定められていた。

上記のように旧法人税基本通達2-1-1～2-1-48にわたって定められていたが、その主なものは次のとおりであり、引渡基準と役務提供完了日基準が一般的な基準とされていた。

(1) 棚卸資産の販売による収益

棚卸資産の販売に係る収益計上時期については、「その引渡しがあった日」に係る事業年度によるとして、いわゆる引渡基準によるとしていた（旧法基通2-1-1）。引渡日については、出荷した日、検収した日、使用収益ができることとなった日などのうち合理的であると認められる日のうち、法人が継続して収益計上している日が挙げられていた（旧法基通2-1-2）。

(2) 請負による収益

請負による収益の額は、物の引渡しを要する請負契約にあってはその目的物の全部を完成して相手方に引き渡した日、物の引渡しを要しない請負契約にあってはその約した役務の全部を完了した日としていた（旧法基通2-1-5）。

(3) 建設工事等の引渡しの日

建設・造船工事については、作業完了日、相手方への搬入日、相手方検収完了日、使用収益ができることとなった日等のうち合理的であると認められる日のうち、法人が継続して収益計上している日が挙げられていた（旧法基通2-1-6）。

(4) 固定資産の譲渡による収益

固定資産の譲渡による収益の額は、引渡基準が原則であるが、固定資産が土地、建物である場合においては、契約効力の発生日も認められるとしていた（旧法基通2-1-14）。

Ⅲ 収益の額の帰属事業年度に係る本改正の内容

1. 引渡基準の原則を法令上明確化

本改正は、法人税法22条2項を補足する通則的規定として、益金の額の別段の定めとして法人税法22条の2（以下「本規定」という。）を定め、収益の額の帰属事業年度に関する「基本的考え方」を法令で定めた（本規定1項～3項）。

本規定の1項では、「収益の額は、別段の定め（前条第4項を除く。）があるものを除き、その資産の販売等に係る目的物の引渡し又は役務の提供の日の属する事業年度の所得の金額の計算上、益金の額に算入する。」と定め、引渡基準と役務提供日基準を原則とする旨を法令上で明確化した。これ自体は、旧法人税基本通達2-1-2、2-1-5で定めていたこととはほぼ変わりがなく、通達で定めていたものを法令上、明確化したものといえる。

本会計基準の収益の認識基準は，上記のように「履行義務を充足した時」又は「一定の期間にわたり充足される履行義務については，その充足されるに従って」収益の額を認識するものとされている。例えば，「履行義務を充足した時」は，棚卸資産の販売の場合には検収日基準が最も典型的な収益認識の時期とされている（指針14(5)，80～82）。

　そして，代替基準として，商品又は製品の国内の販売において，出荷時から当該商品又は製品の支配が顧客に移転される時，例えば顧客による検収時までの期間が通常の期間である場合には，出荷時から商品又は製品の支配が顧客に移転される時までの間の一時点，例えば，出荷時や着荷時に収益を認識することができるとしている（指針98）。

　このような本会計基準の履行義務の充足時点に関する考え方は，法人税の引渡基準や役務提供日基準と齟齬をきたすものとはいえない。そのため，法人税においても，本会計基準の考え方は取り込んでいくことができるものとして，本規定1項の原則的な基準（引渡基準と役務提供日基準）を定めているものと考えられる。

2．「近接する日」の取扱いの明確化

　資産の販売等に係る収益の額につき一般に公正妥当と認められる会計処理の基準に従って，法人が，原則である引渡日，役務提供日に「近接する

日」の属する事業年度の収益の額として経理した場合には，引渡日，役務提供日の原則にかかわらず，その資産の販売等に係る収益の額は，原則としてその経理した事業年度の所得の金額の計算上益金の額に算入することが法令上明確化された（法法22の2②）。

この場合の「近接する日」としては，旧通達で認められていたもの及び本会計基準が容認しているものが想定されている。「一般に公正妥当と認められる会計処理の基準に従って」いるものならば，原則である本規定1項の引渡日又は役務提供日でなくても，一定の幅を認めることを法令上明確化したものである。

3．「近接する日」に申告調整した場合

法人が，申告調整の段階で，法人の経理した日と異なり，「近接する日」の属する事業年度に申告調整した場合は，当該事業年度の確定決算でその近接する日の収益に経理したものとみなすことにした（法法22の2③）。

ただし，法人が，既に引渡日，役務提供日又は「近接する日」に経理している場合の変更の申告調整は認められない。例えば，法人が次の4．の図の近接する日①に経理している場合において，申告調整で近接する日②に変更することは，容認されないことになる。

4．収益の額の会計処理，申告調整と帰属事業年度

資産の販売等に係る収益の額の経理上の処理又は申告調整上の処理と法人税の帰属事業年度との関係を図示すると，次のようになる。

[経理処理・申告調整と益金算入事業年度]

経理処理日	益金算入事業年度	処理方法
近接する日①	当期	近接する日
引渡日	当期	原則
近接する日②	次期	近接する日

経理処理日	申告調整	益金算入事業年度
近接する日①	当期減算次期(近接する日②での)加算は？	当期減算できない。経理処理日となる。
近接する日②の後の日(例えば入金日)	当期加算(近接する日①又は引渡日)	当期加算・次期減算が認められる。
引渡日	当期減算次期(近接する日②での)加算は？	当期減算できない。経理処理日となる。

5. 実現主義, 権利確定主義との関係

本規定の1項から3項は, 収益の額の帰属事業年度について「原則的基準」を定めているのであるが, 依然として本来の意味での一般的基準, すなわち, 収益計上基準の基本的考え方（権利確定主義, 管理支配基準あるいは実現主義など）を法令では示していない。

企業会計においては, 収益計上の時期の基本的考え方は, 本会計基準

で，実現主義から「資産に対する支配の移転＝履行義務充足時基準」ともいえるものになったが，これと平成5年最高裁判決が判示した「権利確定主義」との関係がどのようになるのかは，明らかではない。

しかし，本会計基準における「資産に対する支配の移転＝履行義務充足時基準」は，引渡基準とは矛盾するものではないとはいえる。

権利確定主義とは，収入すべき権利の確定ないしは所有権の移転という法的基準を収益の額の帰属事業年度の基準とする考え方である。引渡時は所有権移転の最終段階であり，引渡しがあれば所有権の移転は確実にあったことになり，引渡基準と権利確定主義とは矛盾するものではないとされている[3]。

一方，実現主義は従来のわが国の企業会計の慣行としての基準であり，具体的には引渡時（販売基準）をもって収益の実現時期とするものである。

収益の額の帰属事業年度に係る基本的考え方については，昭和40年法人税法全文改正時に企業会計上の実現主義によるか法的基準を重視した権利確定主義によるかが問題となり，どちらの考え方によるべきかは，その時点では，明らかにされてこなかった[4]。

ただし，上記のように，裁判例では権利確定主義によることが最高裁で判示されていた。この点について本改正では，本規定1項で引渡基準，役務提供日基準を原則として，法令上で明確化したが，同時に近接する日による処理を法令上明確化したことからすると，企業会計上の実現主義・販売基準又は法的な権利確定を重視する権利確定主義のいずれの考え方にも

---

[3] 金子宏「所得の年度帰属―権利確定主義は破綻したか―」同著『所得概念の研究』（有斐閣，1995年）所収282頁以下。

[4] 注3前掲書282頁は，この両者の立場からする論議について，権利確定主義を支持する立場から整理している。

特に与(くみ)せず,旧通達と同様に,個別取引形態ごとに合理的な基準を採用する立場(引渡基準,役務提供日基準及び各通達で定める日)によることを明らかにしたものと考えられるが,この点についての立法担当者の解説を見ると,さらに一歩踏み込んでいるように思われる[5]。

「今回,収益認識に関する会計基準の導入を契機として,収益の額についての上記(2)で述べた定めが設けられたことにあわせて,収益の認識時期についても通則的な規定が設けられました。この際,権利の確定といった対価の流入の側面に着目するのではなく,上記の無償譲渡に関する論点や上記(2)で述べた収益の額についての考え方との整合性も考慮して,資産の引渡し又は役務の提供の時点を収益認識の原則的な時点とすることで,従来の「実現」や権利の「確定」といった考え方及び収益認識に関する会計基準における考え方とも整合的となる規定とされました。すなわち,資産の販売若しくは譲渡又は役務の提供による収益の額は,その資産の販売若しくは譲渡又は役務の提供に係る目的物の引渡し又は役務の提供の日の属する事業年度の益金の額に算入することが原則とされた上,従来の取扱いを踏まえ,一般に公正妥当と認められる会計処理の基準に従ってその資産の販売若しくは譲渡又は役務の提供に係る契約の効力が生ずる日その他の引渡し又は提供の日に近接する日の属する事業年度の確定した決算において収益として経理した場合には,その経理した事業年度の益金の額に算入することが明確化されました。」

この見解の特徴は,「対価の流入の側面に着目するのではなく,上記の無償譲渡に関する論点や上記(2)で述べた収益の額についての考え方[6]との整合性も考慮して,資産の引渡し又は役務の提供の時点を収益認識の原則

---

5 注1前掲書271頁。
6 「資産の販売等により受け取る対価の額ではなく,販売等をした資産の価額をもって認識すべきとの考え方」(注1前掲書270頁)。詳細は,本書〔4〕Ⅲ参照。

的な時点とする」(下線は筆者)ことにある。

権利確定主義は,取引の完了の反射としての流入する対価の権利確定に基準を設けていたものであるが,本改正による本規定1項の「資産の引渡し」,「役務の提供」に基準を求めたもので,取引そのものの完了に着目したものといえる[7]。

本改正の背後にある考え方が,上記のような考え方であるとすれば,従来の考え方との整合性は考慮しているとはいえ,平成5年最高裁判決が判示した対価の流入に着目した「権利確定主義」が原則であるという見解を否定している面があることになり,注目される。

昭和40年の法人税法全文改正時の実現主義,権利確定主義との関係での収益の額の帰属事業年度に関する論議が現時点において再検討すべきことになると考えられる。

6．別段の定めからの除外

本規定の1項では,「収益の額は,別段の定め(前条第4項を除く。)があるものを除き,その資産の販売等に係る目的物の引渡し又は役務の提供の日の属する事業年度の所得の金額の計算上,益金の額に算入する。」と定めているように,別段の定めから「前条第4項を除く。」としている。

この趣旨は,法人税法22条4項の公正処理基準と本規定とが衝突したときには,本規定の取扱いが優先されることを明らかにするために,念のため除外規定を定めたものであるとされている。

例えば,割賦販売に係る割賦基準は,企業会計原則・注解6で容認された処理であることから,中小企業が割賦基準の処理を行ったときに,別段

---

[7] この点について権利確定主義を批判する観点から,「益金の年度帰属も,対価の収受や債権の成立とは無関係に,譲渡や提供という取引事実が認められた年度とされるべきである。」との見解がある。岡村忠生『法人税法講義〔第3版〕』(成文堂,2007年)59~60頁。

の定めである法人税法63条の長期割賦販売等に係る延払基準が廃止されたことにより、当該別段の定めがなくなることにより、公正処理基準として認められる処理となり、本規定と衝突することになる。

そこで、本規定が優先されて、割賦基準は引渡日又は近接する日に該当しないことから、適用できないことを念のために明らかにしたものであると説明されている[8]。

法人税法22条4項の公正処理基準は、所得計算の確認的な通則規定であり、法人税法等が定めている所得計算の基本規定及び別段の定めにより規定していない白地部分について考慮されるものであることから、別段の定めである本規定が優先することは明らかであるともいえるが、念のために適用優先順位を明確化した趣旨であると考えられる。

ただし、この規定ぶりは、法人税法22条4項を別段の定めと同等なものに把握している点で従来の考え方を否定するに等しく、問題が残るところである。

Ⅳ 本通達改正の内容（収益の計上時期）

1．収益の計上の単位との区別

本会計基準を前提にすることにより、履行義務単位での収益の認識が行われることから、法人税の収益の計上単位も、本会計基準を踏まえて、履行義務単位で認識することを認めることとした（法基通2-1-1）。

本通達改正により、旧通達では計上時期の問題として手当てされていたもの（旧法基通2-1-10、2-1-9、2-1-12、2-1-17等）について、

8　注1前掲書273頁。

収益計上単位の問題と収益計上時期の問題とを区別して手当てされることになった。

例えば、機械設備等の販売に伴い据付工事を行った場合の収益（法基通2-1-1の2、2-1-2）、部分完成の事実がある場合の収益（法基通2-1-1の4、2-1-21の7）、技術役務の提供に係る収益（法基通2-1-1の5、2-1-21の10）、ノウハウの頭金等の収益（法基通2-1-1の6、2-1-30の3）などである。

2．棚卸資産の引渡しの日（法基通2-1-2←旧法基通2-1-1、2-1-2）

本規定の1項で、収益の帰属事業年度について、引渡基準と役務提供日基準を原則とする旨を法令上で明確化した。これを受けて通達では、「引渡しの日」がいつであるかは、「例えば出荷した日、船積みをした日、相手方に着荷した日、相手方が検収した日、相手方において使用収益ができることとなった日等当該棚卸資産の種類及び性質、その販売に係る契約の内容等に応じその引渡しの日として合理的であると認められる日のうち法人が継続してその収益計上を行うこととしている日によるもの」とした（法基通2-1-2）。

旧通達に比較し、「検針等により販売数量を確認した日」が除かれ、「船積みをした日」、「相手方に着荷した日」が加えられた。これは、本会計基準及び本適用指針を踏まえた改正である。

本会計基準では、FOB（本船甲板渡し条件）契約での引渡しは船積み日基準であること、本適用指針では、「重要性に関する代替的な取扱い」として、「出荷時から当該商品又は製品の支配が顧客に移転される時（……（略）……例えば顧客による検収時）までの期間が通常の期間である場合には、出荷時から当該商品又は製品の支配が顧客に移転される時までの間

の一時点（例えば，出荷時や着荷時）に収益を認識することができる。」（指針98）としており，この取扱いを踏まえたものである。

また，本通達改正では，検針日基準は，そもそも引渡しの日に該当しないことから除外し，「近接する日」に整備し直した。

3．近接する日

資産の販売等に係る収益の額につき，一般に公正妥当と認められる会計処理の基準に従って上記の本規定1項の原則である引渡日，役務提供日に「近接する日」の属する事業年度の収益の額として経理した場合には，引渡日，役務提供日の原則にかかわらず，その資産の販売等に係る収益の額は，その経理した事業年度の所得の金額の計算上益金の額に算入することが法令上明確化された（法法22の2②）。

本通達改正により，例えば，次のようなものが「近接する日」として手当てされている。

(1) 委託販売に係る収益の帰属の時期（法基通2-1-3←旧法基通2-1-3）

棚卸資産の委託販売に係る収益の額については，委託品についての売上計算書が売上の都度作成され送付されている場合において，法人が継続して当該売上計算書の到達した日において収益計上を行っているときは，当該到達した日は，その引渡しの日に近接する日に該当する。

(2) 検針日による収益の帰属の時期（法基通2-1-4←旧法基通2-1-2）

ガス，水道，電気等の販売をする場合において，週，旬，月を単位とする規則的な検針に基づき料金の算定が行われ，法人が継続してその検針が行われた日において収益計上を行っているときは，当該検針が行われた日は，その引渡しの日に近接する日に該当する。

(3) 固定資産の譲渡に係る収益の帰属の時期（法基通2-1-14←旧法基通2-1-14）

　固定資産が土地，建物その他これらに類する資産である場合において，法人が当該固定資産の譲渡に関する契約の効力発生の日において収益計上を行っているときは，当該効力発生の日は，その引渡しの日に近接する日に該当する。

(4) 農地の譲渡に係る収益の帰属の時期の特例（法基通2-1-15←旧法基通2-1-15）

　農地の譲渡があった場合において，当該農地の譲渡に関する契約が農地法上の許可を受けなければその効力を生じないものであるため，法人がその許可のあった日において収益計上を行っているときは，当該許可のあった日は，その引渡しの日に近接する日に該当する。

(5) 工業所有権等の譲渡に係る収益の帰属の時期の特例（法基通2-1-16←旧法基通2-1-16）

　工業所有権等（特許権，実用新案権，意匠権及び商標権並びにこれらの権利に係る出願権及び実施権をいう。）の譲渡につき法人が次に掲げる日において収益計上を行っている場合には，次に掲げる日は，その引渡しの日に近接する日に該当する。
① その譲渡に関する契約の効力発生の日
② その譲渡の効力が登録により生ずることとなっている場合におけるその登録の日

(6) 不動産の仲介あっせん報酬の帰属の時期（法基通2-1-21の9←旧法基通2-1-11）

　土地，建物等の売買，交換又は賃貸借の仲介又はあっせんをしたことによる報酬の額は，その履行義務が一定の期間にわたり充足されるものに該当する場合を除き，原則としてその売買等に係る契約の効力が発生した日の属する事業年度の益金の額に算入する。

　ただし，法人が，売買又は交換の仲介又はあっせんをしたことにより受ける報酬の額について，継続して当該契約に係る取引の完了した日（同日前に実際に収受した金額があるときは，当該金額についてはその収受した日）において収益計上を行っている場合には，当該完了した日は，その役務の提供の日に近接する日に該当する。

(7) 運送収入の帰属の時期（法基通2-1-21の11←旧法基通2-1-13）

　運送業における運送収入の額は，その履行義務が一定の期間にわたり充足されるものに該当する場合を除き，原則としてその運送に係る役務の提供を完了した日の属する事業年度の益金の額に算入する。

　ただし，法人が，運送契約の種類，性質，内容等に応じ，例えば次に掲げるような方法のうちその運送収入に係る収益の計上基準として合理的であると認められるものにより継続してその収益計上を行っている場合には，当該計上基準により合理的と認められる日は，その運送収入に係る役務の提供の日に近接する日に該当する。

① 乗車券，乗船券，搭乗券等を発売した日（自動販売機によるものについては，その集金をした時）にその発売に係る運送収入の額につき収益計上を行う方法

② 船舶，航空機等が積地を出発した日に当該船舶，航空機等に積載した貨物又は乗客に係る運送収入の額につき収益計上を行う方法

③　一の航海（船舶が発港地を出発してから帰港地に到着するまでの航海をいう。）に通常要する期間がおおむね4月以内である場合において、当該一の航海に係る運送収入の額につき当該一の航海を完了した日に収益計上を行う方法

④　運送業を営む2以上の法人が運賃の交互計算又は共同計算を行っている場合における当該交互計算又は共同計算によりその配分が確定した日に収益計上を行う方法

⑤　海上運送業を営む法人が船舶による運送に関連して受払いする滞船料について、その額が確定した日に収益計上を行う方法

(8)　賃貸借契約に基づく使用料等の帰属の時期（法基通2-1-29←旧法基通2-1-29）

　資産の賃貸借（金融商品に係る取引及び法人税法64条の2第3項に規定するリース取引に該当するものを除く。）は、履行義務が一定の期間にわたり充足されるものに該当し、その収益の額はその一定の期間の経過に応じて事業年度の益金の額に算入する。

　ただし、資産の賃貸借契約に基づいて支払を受ける使用料等の額（前受けに係る額を除く。）について、当該契約又は慣習によりその支払を受けるべき日において収益計上を行っている場合には、その支払を受けるべき日は、その資産の賃貸借に係る役務の提供の日に近接する日に該当する。

(9)　工業所有権等の実施権の設定に係る収益の帰属の時期（法基通2-1-30の2←旧法基通2-1-16）

　工業所有権等の実施権の設定により受ける対価（使用料を除く。）の額につき法人が次に掲げる日において収益計上を行っている場合には、次に掲げる日はその実施権の設定に係る役務の提供の日に近接する日に該当す

る。
① その設定に関する契約の効力発生の日
② その設定の効力が登録により生ずることとなっている場合におけるその登録の日

⑽ 工業所有権等の使用料の帰属の時期（法基通2-1-30の5←旧法基通2-1-30)

　工業所有権等又はノウハウを他の者に使用させたことにより支払を受ける使用料の額について，法人が継続して契約によりその使用料の額の支払を受けることとなっている日において収益計上を行っている場合には，当該支払を受けることとなっている日は，その役務の提供の日に近接する日に該当する。

4．履行義務の充足との関係

　役務の提供については，法人税も本会計基準の収益計上基準を取り入れた。すなわち，「履行義務が一定の期間にわたり充足されるもの」と「履行義務が一時点で充足されるもの」に区分し，次のように本会計基準とほぼ同様な取扱いを定めた。

(1) 履行義務が一定の期間にわたり充足されるもの
① 履行義務が一定の期間にわたり充足されるものに係る収益の帰属の時期（法基通2-1-21の2←新設）

　履行義務が一定の期間にわたり充足されるものについては，その履行に着手した日から引渡し等の日（物の引渡しを要する取引にあってはその目的物の全部を完成して相手方に引き渡した日をいい，物の引渡しを要しない取引にあってはその約した役務の全部を完了した日をいう。）までの期

間において履行義務が充足されていくそれぞれの日が本規定1項に規定する役務の提供の日に該当し、その収益の額は、その履行義務が充足されていくそれぞれの日の属する事業年度の益金の額に算入される。

この場合の「履行義務が一定の期間にわたり充足されるもの」の区分要件は、Ⅰ 3.で記した本会計基準の要件と同じである（法基通2－1－21の4）。

② 履行義務が一定の期間にわたり充足されるものに係る収益の額の算定の通則（法基通2－1－21の5←新設）

履行義務が一定の期間にわたり充足されるものに係るその履行に着手した日の属する事業年度から引渡し等の日の属する事業年度の前事業年度までの各事業年度の所得の金額の計算上益金の額に算入する収益の額は、別に定めるものを除き、提供する役務につき通常得べき対価の額に相当する金額に当該各事業年度終了の時における履行義務の充足に係る進捗度を乗じて計算した金額から、当該各事業年度前の各事業年度の収益の額とされた金額を控除した金額とする。

この場合の「履行義務の充足に係る進捗度」とは、役務の提供に係る原価の額の合計額のうちにその役務の提供のために既に要した原材料費、労務費その他の経費の額の合計額の占める割合その他の履行義務の進捗の度合を示すものとして合理的と認められるものに基づいて計算した割合をいう（法基通2－1－21の6）。

(2) 履行義務が一時点で充足されるものに係る収益の帰属の時期（法基通2－1－21の3←新設）

履行義務が一定の期間にわたり充足されるもの以外のものを「履行義務が一時点で充足されるもの」というが、これについては、その引渡し等の日が本規定1項の役務の提供の日に該当し、その収益の額は、引渡し等の

日の属する事業年度の益金の額に算入される。

5．請負に係る収益の計上時期（法基通２－１－21の７←旧法基通２－１－５，２－１－９）

請負の収益計上時期については，旧通達では，「物の引渡しを要する請負契約にあってはその目的物の全部を完成して相手方に引き渡した日」，「物の引渡しを要しない請負契約にあってはその約した役務の全部を完了した日」としていた（旧法基通２－１－５）。

改正後においては，原則は改正前と同様であるが，例外的取扱いとして，上記４．の「履行義務が一定の期間にわたり充足されるもの」の区分要件を満たす場合は，履行義務が一定の期間にわたり充足されるものの取扱いが認められる。

6．商品引換券等の発行に係る収益の計上時期の特例（法基通２－１－39←旧法基通２－１－39）

商品引換券等の発行に係る収益計上時期については，改正前においても，商品引換券等発行時に一括収益計上する方法以外に，「商品の引渡し等に応じて」収益を計上する取扱いが認められていた（旧法基通２－１－39）。

本通達改正により，「商品の引渡し等に応じて」収益を計上する取扱いは引き続き認められることとされたが，次の諸点で見直し整備された。

(1) 非行使部分の最終的な収益計上時期

非行使部分の対価の額を計上する時期は，改正前は商品引換券等の発行に係る事業年度終了の日の翌日から３年を経過した日の属する事業年度終了の時において商品引換えが完了していない部分を収益の額に計上すると

していたが，本通達改正により，商品引換券等の発行の日から10年が経過した日の属する事業年度終了の時における非行使部分を収益計上することになった。

なお，10年経過日前に次に掲げる事実が発生した場合には，その事実が発生した日の属する事業年度終了の時における非行使部分を収益計上することになる。

① 法人が発行した商品引換券等をその発行に係る事業年度ごとに区分して管理しないこと又は管理しなくなったこと。
② その商品引換券等の有効期限が到来すること。
③ 法人が継続して収益計上を行うこととしている基準に達したこと。この基準とは，例えば，発行日から一定年数が経過したこと，商品引換券等の発行総数に占める法人税基本通達2－2－11に規定する未引換券の数の割合が一定割合になったことその他の合理的に定められた基準のうち法人が予め定めたもの（会計処理方針その他のものによって明らかとなっているものに限る。）がこれに該当する。

(2) 非行使部分の収益計上金額

商品引換券等の発行の日から10年経過日等の属する事業年度までの各事業年度においては，合理的に見積もられた非行使部分に係る対価の額に権利行使割合（相手方が行使すると見込まれる部分の金額のうちに実際に行使された金額の占める割合をいう。）を乗じて得た金額から既にこの取扱いに基づき益金の額に算入された金額を控除する方法その他のこれに準じた合理的な方法に基づき計算された金額を益金の額に算入することができることとした（法基通2－1－39の2）。

合理的に非行使部分の見積りを行う場合には，過去における権利の不行使の実績を基礎とする等の合理的な方法により見積もられたものであるこ

と及びその算定の根拠となる書類を保存していることが必要とされている。

＜参考・商品引換券の処理＞

（例） 商品券を1,000千円発行し売却した。そのうち100千円は顧客が権利を行使しないと見込まれる。翌年度に450千円使用された。

(1) 発行年度

（借） 現　金　　　　　　　1,000　　（貸） 前受金（契約負債）　1,000

(2) 翌年度

（借） 前受金（契約負債）　500　　（貸） 売　上　　　　　　　450
　　　　　　　　　　　　　　　　　　　　　雑収入　　　　　　　 50

　＊財又はサービスを顧客に移転する前に顧客から対価を受け取る場合，顧客から対価を受け取った時又は対価を受け取る期限が到来した時のいずれか早い時点で，顧客から受け取る対価について契約負債を貸借対照表に計上する。

　＊雑収入…$100千円 \times \dfrac{450千円}{(1,000千円 - 100千円)} = 50千円$

(3) **事前確認の廃止**

　商品の引渡し等に応じて収益を計上する取扱いは，改正前においては，あらかじめ所轄税務署長等の確認を受けることとされていた（旧法基通2-1-39）が，本通達改正により，発行事業年度ごとに区分して管理することなどの一定要件を明示することにより，事前の確認制度を廃止した。

7．自己発行ポイント等の付与に係る収益の帰属の時期（法基通2-1-39の3←新設）

　本会計基準を踏まえて自己発行ポイントについての収益計上時期の取扱いを明らかにした。自己発行ポイント等を相手方に付与する場合で，発行年度ごとに管理しているなどの一定の要件を満たす場合には，当初の資産の販売等とは別の取引に係る収入の前受けとする取扱いが定められた（法

基通2-1-1の7)。

　この取扱いにおいて前受けとした額は，将来の資産の販売等に際して値引き等されるが，それに応じて，その失効をすると見積もられる自己発行ポイント等も勘案して，その値引き等をする日の属する事業年度の益金の額に算入するのであるが，その自己発行ポイント等の付与の日から10年が経過した日の属する事業年度終了の時において行使されずに未計上となっている自己発行ポイント等がある場合には，その自己発行ポイント等に係る前受けの額を当該事業年度の益金の額に算入する。

8．返金不要の支払の帰属の時期（法基通2-1-40の2←新設）

　返金が不要な契約における取引開始日に顧客から受ける支払金については，本適用指針において，約束した財又はサービスの移転を生じさせるものでない場合には，将来の財又はサービスの移転を生じさせるものとして，将来の財又はサービスを提供する時に収益を認識するとしている（指針58）。

　かかる取扱いを踏まえて，本通達改正により，返金不要の支払の収益計上時期について，原則としてその取引の開始の日の属する事業年度の益金の額に算入するが，例外的取扱いとして，その返金不要な支払が，契約の特定期間における役務の提供ごとに，それと具体的な対応関係をもって発生する対価の前受けと認められる場合において，その支払をその役務の提供の対価として，継続して当該特定期間の経過に応じてその収益の額を益金の額に算入しているときは，これを認めるとした。

　この場合の「返金が不要な支払」には，次のようなものがある。
(1)　工業所有権等の実施権の設定の対価として支払を受ける一時金
(2)　ノウハウの設定契約に際して支払を受ける一時金又は頭金
(3)　技術役務の提供に係る契約に関連してその着手費用に充当する目的で

相手方から収受する仕度金，着手金等のうち，後日精算して剰余金があれば返還することとなっているもの以外のもの
(4) スポーツクラブの会員契約に際して支払を受ける入会金

〔1〕収益認識に関する会計基準の概要

〔2〕収益計上の単位

〔3〕収益の額の帰属事業年度

〔4〕益金の額に算入すべき収益の額

〔5〕返品調整引当金の廃止

〔6〕長期割賦販売等に係る延払基準の廃止

〔7〕本改正と中小企業に対する影響

〔8〕収益認識基準と消費税

〔9〕条文構成の問題点

本会計基準における取引価格の算定，特に変動対価等の見積りによる取引価格の算定は，従来の会計基準では，売上割戻しなど一部を除いて明らかにされていなかった。

　本会計基準は，さまざまの変動要素について見積り，取引価格に反映させることとしている。その結果，法人税の益金の額に算入すべき収益の額について，変動対価等の見積りによる取引価格にどのように対応するかが問題となる。すなわち，法人税の収益の額を時価で算定する原則との関係で，どのように調整するかが問題となる。

Ⅰ　本会計基準における取引価格

1．取引価格の意義

　本会計基準においては，履行義務を充足した時に又は充足するにつれて，取引価格のうち，当該履行義務に配分した額について収益を認識するものとしている（会基46）。

　この場合の取引価格とは，財又はサービスの顧客への移転と交換に企業が権利を得ると見込む対価の額（ただし，第三者のために回収する額を除く。）をいう（会基8，47）。

2．取引価格の算定

　取引価格の算定にあたっては，契約条件や取引慣行等を考慮する（会基47）。顧客により約束された対価の性質，時期及び金額は，取引価格の見積りに影響を与える。取引価格を算定する際には，次の(1)から(4)のすべての影響を考慮する（会基48）。

(1)　変動対価

(2) 契約における重要な金融要素
(3) 現金以外の対価
(4) 顧客に支払われる対価

3．取引価格の算定要素：変動対価

　取引価格の算定にあたって考慮すべき各要素の内容のうち，変動対価は次のとおりである。

(1) 変動対価の意義

　変動対価とは，顧客と約束した対価のうち変動する可能性のある部分をいう。契約において，顧客と約束した対価に変動対価が含まれる場合，財又はサービスの顧客への移転と交換に企業が権利を得ることとなる対価の額を見積る必要がある（会基50）。

　変動対価の取引例としては，値引き，リベート，返金，インセンティブ，業績に基づく割増金，ペナルティー等の形態により対価の額が変動する場合や，返品権付きの販売等がある（指針23）。

　変動対価は，契約条件に示される場合もあれば，次の①又は②のいずれかの状況によって示される場合もある（指針24）。
① 企業の取引慣行や公表した方針等に基づき，契約の価格よりも価格が引き下げられるとの期待を顧客が有していること
② 顧客との契約締結時に，価格を引き下げるという企業の意図が存在していること

(2) 変動対価の見積方法

　変動対価の額の見積りにあたっては，発生し得ると考えられる対価の額における最も可能性の高い単一の金額（最頻値）による方法又は発生し得

ると考えられる対価の額を確率で加重平均した金額（期待値）による方法のいずれかのうち，企業が権利を得ることとなる対価の額をより適切に予測できる方法を用いる（会基51）。

これによって見積られた変動対価の額については，変動対価の額に関する不確実性が事後的に解消される際に，解消される時点までに計上された収益の著しい減額が発生しない可能性が高い部分に限り，取引価格に含める（会基54）。

変動対価の額に関する不確実性の影響を見積るにあたっては，契約全体を通じて単一の方法を首尾一貫して適用する。また，企業が合理的に入手できるすべての情報を考慮し，発生し得ると考えられる対価の額について合理的な数のシナリオを識別する（会基52）。

顧客から受け取った又は受け取る対価の一部あるいは全部を顧客に返金すると見込む場合，受け取った又は受け取る対価の額のうち，企業が権利を得ると見込まない額について，返金負債を認識する。返金負債の額は，各決算日に見直す（会基53）。

4．取引価格の算定要素：重要な金融要素

取引価格に重要な金融要素が含まれる場合がある。例えば，契約の当事者が明示的又は黙示的に合意した支払時期により，財又はサービスの顧客への移転に係る信用供与についての重要な便益が顧客又は企業に提供される場合には，顧客との契約は重要な金融要素を含むものとする（会基56）。

例えば，商品の販売の対価の支払を2年後にする信用供与を行ったなどのケースである。

顧客との契約に重要な金融要素が含まれる場合，取引価格の算定にあたっては，約束した対価の額に含まれる金利相当分の影響を調整する。収益は，約束した財又はサービスが顧客に移転した時点で（又は移転するに

つれて），当該財又はサービスに対して顧客が支払うと見込まれる現金販売価格を反映する金額で認識する（会基57）。

　資産の移転時点で金融要素を考慮し，現金販売価格を想定して取引価格を調整することになる。

5．取引価格の算定要素：現金以外の対価

　契約による対価が現金以外の場合に取引価格を算定するにあたっては，当該対価を時価により算定することとする（会基59）。現金以外の対価を合理的に見積ることができない場合には，当該対価と交換に顧客に約束した資産の独立販売価格に基づいてその対価を算定する（会基60）。

6．取引価格の算定要素：顧客に支払われる対価

　取引価格の算定にあたっては，顧客に支払われる対価の額を調整することとしている。この場合の顧客に支払われる対価の額とは，例えば，次のようなものである（会基63）。
(1)　企業が顧客に対して支払う又は支払うと見込まれる現金の額（例えばキャッシュバック）。
(2)　顧客が企業に対する債務額に充当できるものの額（例えばクーポンの付与など）。

7．履行義務への取引価格の配分

　収益の額の認識は，本会計基準においては，履行義務単位で認識される。したがって，上記によって変動対価等の調整を経て算定された取引価格は各履行義務に合理的に配分されなければならない。この場合の合理的な配分は，契約における取引開始日の財又はサービスの独立販売価格の比率に基づき行うこととされている（会基66，68）。

なお、値引きについては、原則として、契約における全ての履行義務に対して比例的に配分する（会基70）。

8．取引価格の変動

一旦、見積った取引価格は、各決算日に見直し、取引価格の事後的な変動については、契約における取引開始日と同じ基礎により契約における履行義務に配分する。取引価格の事後的な変動のうち、既に充足した履行義務に配分された額については、取引価格が変動した期の収益の額を修正する（会基74）。

9．契約資産，契約負債及び債権

顧客から対価を受け取る前又は対価を受け取る期限が到来する前に、財又はサービスを顧客に移転した場合は、収益を認識し、契約資産又は債権を貸借対照表に計上する。契約資産は、金銭債権として取り扱うこととし、金融商品会計基準に従って処理する（会基77）。

また、財又はサービスを顧客に移転する前に顧客から対価を受け取る場合、顧客から対価を受け取った時又は対価を受け取る期限が到来した時のいずれか早い時点で、顧客から受け取る対価について契約負債を貸借対照表に計上する（会基78）。

Ⅱ　本改正前の益金の額に算入すべき収益の額に関する定め等

本改正前においては、「益金の額に算入すべき金額」については、「別段の定めがあるものを除き、資産の販売、有償又は無償による資産の譲渡又は役務の提供、無償による資産の譲受けその他の取引で資本等取引以外の

ものに係る当該事業年度の収益の額とする。」（法法22②），及び「第2項に規定する当該事業年度の収益の額……は，一般に公正妥当と認められる会計処理の基準に従つて計算される。」（法法22④）と定めるのみで，収益の額の一般的測定基準について，特にその内容を定めていなかった。

　ただし，法人税法22条2項の通則規定で「無償による資産の譲渡」，「無償による役務の提供」についても収益の額を認識すべしとしていることから，次の裁判例のように，一般に資産の譲渡時の時価等により，その収益の額を認識すべきものと解釈されていた。

【裁判例】収益の額は時価によるべきとした裁判例

　　（最判平7.12.19，民集49巻10号3121頁）

　　　法人税法22条2項は，内国法人の各事業年度の所得の金額の計算上，無償による資産の譲渡に係る当該事業年度の収益の額を当該事業年度の益金の額に算入すべきものと規定しており，資産の無償譲渡も収益の発生原因となることを認めている。この規定は，法人が資産を他に譲渡する場合には，その譲渡が代金の受入れその他資産の増加を来すべき反対給付を伴わないものであつても，譲渡時における資産の適正な価額に相当する収益があると認識すべきものであることを明らかにしたものと解される。

　　　役務提供については，無利息融資について，「当該貸付がなされる場合にその当事者間で通常ありうべき利率による金銭相当額」としている（大阪高判昭53.3.30）。

Ⅲ　益金の額に算入する金額の法令上の明確化

1．時価による旨の法令による明確化

　本規定の4項は，収益の額として益金の額に算入する金額は，「別段の定め（前条第4項を除く。）があるものを除き，その販売若しくは譲渡をした資産の引渡しの時における価額又はその提供をした役務につき通常得べき対価の額に相当する金額とする。」とした。

　これは，本改正前は解釈により，譲渡資産又は提供する役務の時価によることとされていたものを，法令上で明確化したものである。さらに，本規定の4項は単に時価によることを明らかにしたばかりではなく，収益の額の見積りにおいて保守的見積りを容認しないことをも明確化したものであるともいえる。

　すなわち，第三者間取引における値引きや割戻しは，取引対象資産の時価をより正確に反映するための手続と考えられるが，当然に客観的，合理的な根拠に基づき見積もられたものに限ることを前提としている。

　ところで，益金の額に算入すべき収益の額について，資産の引渡しの時における価額，提供した役務につき通常得べき対価の額に相当する金額としたのは，立法担当者によれば，次のような考え方によると述べている[9]。法人税は無償譲渡について，収益の額を認識すべきことに着目し，「販売により受け取る対価の額でなく，販売した資産の価額をもって認識すべき」との考え方を強調している点に注目すべきである。

　「法人税法上，資産の販売等に係る収益の額は，資産の販売等により受け取る対価の額ではなく，販売等をした資産の価額をもって認識すべきと

9　注1前掲書270頁。

の考え方であり，法人税法第22条第2項において資産の無償による譲渡に係る収益の額が益金の額となるとされていることや，寄附金の損金不算入制度において寄附金の額を譲渡資産の譲渡の時の価額で算定するとされていることにその考え方が表れています。」

「この考え方からすると，法人税法においては，収益認識に関する会計基準のように対価の額を基礎として益金の額を計算することは，方法として採用できません。一方，法人税法において「価額」すなわち時価とは，一般的には第三者間で取引されたとした場合に通常付される価額とされており，これは結局のところ対価の額となります。」

2．時価算定上，貸倒れ，返品可能性の排除

本規定の5項では，引渡し時の価額又は通常得べき対価の額は，貸倒れや返品可能性があっても，その可能性がないものとした価額であるとし，これらの可能性を時価の算定に関係させないこととした。

本会計基準では，貸倒れ，返品の可能性は取引価格の調整の問題としたが，法人税では，時価の算定とは別個の要素であるとしたのである。この点を明確化した理由は，本会計基準は返品，回収不能も変動対価として見積り，取引価格として調整するとしていることから，それを法人税は容認しないことを明確にするためである。

この点について，立法担当者は次のように説明している[10]。

「対価の回収が見込まれないことや返品権付きの販売であることを収益の額の算定上考慮することは，譲渡した資産の時価そのものを正確に反映するための手続ではなく，別の要因により対価の額を全額受け取ることができないことを評価しているものであると考えられます。」

---

10 注1前掲書270頁。

なお，上記の資産の販売等に係る資産の買戻しという場合は，返品権付きの販売が該当する。

3．本会計基準との関係

本会計基準では，収益の額は取引価格によるものし，取引価格の算定にあたっては，次の①～④の影響を考慮するとしている（会基48）。
① 変動対価
② 契約による重要な金融要素
③ 現金以外の対価
④ 顧客に支払われる対価

変動対価に含まれる取引の例としては，値引き，リベート，返金，インセンティブ，業績による割増金，返品権付き販売等がある（指針23）とされているが，回収可能性なども含まれる。

上記のような本会計基準の変動対価などによる取引価格の見積りを考慮すると，本会計基準による場合，収益の額の算定にはさまざまの要素が含まれており，法人税の立場からは，過度に保守的な処理，恣意的な見積りによる処理については制限を加える必要が生ずる。

このような観点から，法人税の収益の額の算定については，値引き，割戻し等による対価の変動は，合理的な計算根拠のあるものにつき，収益の額の調整の問題とした。

値引き，割戻し等による対価の変動について法人税は，次のような一定の条件を付して認めることとし，保守的又は過度な見積りを排除している（法基通2-1-1の11）。

(1) 値引き等の計算根拠，算定基準が，取引慣行又は公表した方針等により相手方に明らかにされていること又は事業年度終了の日において内部的に決定されていること。

(2) 過去の実績等の合理的な方法のうち法人が継続して適用している方法により減額若しくは増額金額又は算定基準の基礎数値が見積もられていること。
(3) 上記(1), (2)の算定根拠書類を保存していること。

　また，返品や貸倒れの可能性の問題は，収益の額の調整の問題としては考えないことにし，したがって，貸倒れ，返品・買戻しの可能性はないものとして収益の額に係る時価を算定するものとした（法法22の2⑤）。

4．現物分配等と収益の額の認識

　無償による資産の譲渡に係る収益の額は，金銭以外の資産による利益又は剰余金の分配及び残余財産の分配又は引渡しその他これらに類する行為（例えば，法人税法24条1項6号及び7号に掲げる事由のような，株主等に対する持分権の消滅の対価としての現物資産の交付など）としての資産の譲渡に係る収益の額を含むものとすることが本規定で明確化された（法法22の2⑥）。

　利益又は剰余金の分配及び残余財産の分配又は引渡しは，資本等取引として課税の対象外とされている（法法22⑤）が，利益又は剰余金の分配及び残余財産の分配又は引渡しとしての金銭以外の資産の交付という行為は，混合取引とも呼ばれて，資産の譲渡という面と資産の流出という面の2つの面があり，このうち資本等取引として課税の対象外とされるのは，資産が流出したことによる損失について損金の額に算入しないということである[11]。

　一方，資産の譲渡という面については譲渡損益を課税しないということ

11　この点については，平成22年度税制改正において法人税法22条5項の資本等取引に「残余財産の分配又は引渡し」が付け加えられた。

ではない。このことは、法人税法62条の5第3項に譲渡損益を繰り延べる別段の定めがあることから明らかであるともいえるが、利益又は剰余金の分配等としての金銭以外の資産の交付についても収益の額が生ずることが原則であることを法令上明確化したものである。

5．施行令18条の2の修正の経理
(1) 取引価格の事後的な変動と修正経理

取引価格の事後的な変動のうち、「既に充足した履行義務に配分された額については、価格が変動した期の収益の額を修正する。」としている（会基74）。本会計基準の取扱いを踏まえて、法人税においても事後的な修正経理を認めることとした。

法人税法施行令18条の2（以下「本法令規定」という。）においては、収益の額につき、一般に公正妥当と認められる会計処理の基準に従って、引渡し等事業年度後の事業年度の確定した決算において修正の経理をした場合において、その修正後の金額が時価であると認められるときは、その修正の経理により増加し、又は減少した収益の額に相当する金額は、その修正の経理をした事業年度の所得の金額の計算上、益金の額又は損金の額に算入することとされた（法令18の2①）。

また、同様な場合において、修正の経理でなく申告調整により処理した場合も修正経理したものとみなす（法令18の2②）。

(2) 変動後の金額で更正

法人が本規定に基づいて収益の額と処理した金額について、その引渡し等事業年度終了の日後に生じた事情によりその資産の販売等に係る時価（「収益基礎額」という。）が変動したとき（その変動したことにより当該収益の額につき修正の経理をした場合において、その修正の経理につき前

記(1)の適用があるときを除く。）は，その変動により増加し，又は減少した収益基礎額は，その変動することが確定した事業年度の所得の金額の計算上，益金の額又は損金の額に算入する（法令18の2③）。本規定は，変動後の時価が確定した時点で更正処理することの趣旨である。

(3) 金銭債権の帳簿価額

法人が資産の販売等を行った場合において，その資産の販売等の対価として受け取ることとなる金額のうち貸倒れや返品の事実が生ずる可能性があることにより売掛金その他の金銭債権に係る勘定の金額としていない金額（以下「金銭債権計上差額」という。）があるときは，その対価の額に係る税法上の金銭債権の帳簿価額は，貸倒れ及び返品に係る金額の減額後の帳簿価額に金銭債権計上差額を加算した金額とすることとされた（法令18の2④）。

すなわち，資産の販売等に係る収益の額につき，貸倒れ又は返品の可能性があることにより本会計基準に従ってこれらの可能性を考慮して計算した金額を契約上の対価の額から控除して収益計上し，同額を金銭債権の帳簿価額とした場合にも，税法上はこれらの可能性を考慮せず益金の額を算定することから，税法上の金銭債権の帳簿価額についても会計との間で不一致が生ずることとなる。そこで，会計上収益の額から控除し，金銭債権の帳簿価額に含まないこととされた金額について，税法上は金銭債権の帳簿価額に含めることとする。

また，法人が資産の販売等を行った場合において，その資産の販売等の対価として受け取ることとなる金額のうち貸倒れの事実が生ずる可能性があることにより売掛金その他の金銭債権に係る勘定の金額としていない金額（「貸倒基因金銭債権計上差額」という。）があるときは，その貸倒基因金銭債権計上差額に相当する金額は，その法人が損金経理により貸倒引当

金勘定に繰り入れた金額又はその法人が設けた期中個別貸倒引当金勘定若しくは期中一括貸倒引当金勘定の金額とみなして,貸倒引当金制度を適用することとされた(法令99)。

Ⅳ 本通達改正の内容:収益の額

1. 資産の引渡しの時の価額(法基通2-1-1の10←旧法基通2-1-4,2-1-7)

本規定の4項の「その販売若しくは譲渡をした資産の引渡しの時における価額又はその提供をした役務につき通常得べき対価の額に相当する金額」とは,原則として資産の販売等につき第三者間で取引されたとした場合に通常付される価額,すなわち時価をいう。

[本規定の「引渡しの時における価額」等]

・資産の引渡しの時における価額 ・提供をした役務につき通常得べき対価の額		第三者間で取引されたとした場合に通常付される価額(時価)

なお,資産の販売等に係る目的物の引渡し又は役務の提供の日の属する事業年度終了の日までにその対価の額が合意されていない場合は,同日の現況により引渡し時の価額等を適正に見積もるものとする。

この場合において,その後確定した対価の額が見積額と異なるときは,本法令規定の1項の規定の修正経理した場合の収益の額の加算又は控除の適用を受ける場合を除き,その差額に相当する金額につき,その確定した日の属する事業年度の収益の額を減額し,又は増額する。

なお，引渡し時の価額等が，当該取引に関して支払を受ける対価の額を超える場合において，その超える部分が，寄附金又は交際費等その他のその法人の所得の金額の計算上損金の額に算入されないもの，剰余金の配当等及びその法人の資産の増加又は負債の減少を伴い生ずるもの（「損金不算入費用等」という。）に該当しない場合には，その超える部分の金額を益金の額及び損金の額に算入する必要はない。

　法人税基本通達2－1－1の10は，その前半部分で本規定の4項の収益の額は時価によることを，改めて確認したものである。後半部分の対価の額が事業年度末までに合意されていない場合についての定めは，旧法人税基本通達2－1－4（販売代金の額が確定していない場合の見積り）と同様な定めであり，本通達に吸収した形になっている。

2．変動対価（法基通2－1－1の11←新設）

(1) 変動対価の例

　本会計基準では，顧客と約束した対価のうち変動する可能性のある部分を「変動対価」という。契約において，顧客と約束した対価に変動対価が含まれる場合，財又はサービスの顧客への移転と交換に企業が権利を得ることとなる対価の額を見積ることとしている（会基50）。

　変動対価が含まれる取引の例として，値引き，リベート，返金，インセンティブ，業績に基づく割増金，ペナルティー等の形態により対価の額が変動する場合や，返品権付きの販売等がある（指針23）。

＜例＞変動対価（リベートの場合）の処理

　販売契約で売上高に対してリベートを15％支払う条件が付されている。

（借）現　　　　金　　10,000　　（貸）売　　　　上　　8,500
　　　　　　　　　　　　　　　　　　　返金負債　　　1,500

[取引価格と変動対価]

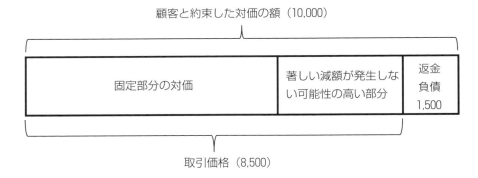

(2) 変動対価の処理

　本改正のメインである本規定の創設に最も大きな影響を与えたものの1つは，本会計基準の変動対価に係る部分である。特に次の点について法人税の立場を改めて明確にする必要があり，法人税基本通達2-1-1の11を定めた。

① 返品，回収不能見込は収益の額の問題ではないという立場を鮮明にしなければならなかった。

② 変動対価に係る恣意的な見積もりを容認しない立場を明確にする必要があった。

③ 合理的な見積もりに基づいて算定された返品，回収不能見込以外の変動対価については，法人税においては，一定の要件を付けて時価算定上の見積りとして認めるものとする。

　具体的には，資産の販売等に係る契約の対価について，値引き，値増し，割戻しその他の事実（貸倒れ，返品の事実を除く。）により変動する可能性がある部分の金額（「変動対価」という）がある場合において，次の④の要件のすべてを満たすときは，変動対価につき引渡し等事業年度の

確定した決算において収益の額を減額し、又は増額して経理した金額は、引渡し等事業年度の引渡し時の価額等の算定に反映するものとする（法基通2－1－1の11）。

この場合の「引渡し等事業年度の確定した決算において収益の額を減額し、又は増額して経理した金額」とは、申告調整による場合を含み、変動対価の不確実性が解消されないものに限る。この場合の「変動対価の不確実性が解消されないものに限る」とは、本会計基準54項の「見積られた変動対価の額については、変動対価の額に関する不確実性が事後的に解消される際に、解消される時点までに計上された収益の著しい減額が発生しない可能性が高い部分に限り、取引価格に含める。」との取扱いを踏まえた記述である。

④　一定の要件

上記一定の要件とは次のとおりである。これらの要件は、旧法人税基本通達2－5－1（売上割戻しの計上時期）の取扱いを踏まえたものである。

値引き等の金額や算定基準が相手方に明らかにされている場合には相手方との関係で債務が確定していることを考慮し、収益の額の時価の算定に反映させることとしたものである。

＜変動対価に係る処理要件＞

> イ　相手側に明らかにされていること等
> 　値引き等の事実の内容及び当該値引き等の事実が生ずることにより契約の対価の額から減額若しくは増額をする可能性のある金額又はその金額の算定基準（客観的なものに限る。）が、当該契約若しくは法人の取引慣行若しくは公表した方針等により相手方に明らかにされていること又は当該事業年度終了の日において内部的に決定されていること。

ロ　合理的方法の継続的適用

　過去における実績を基礎とする等合理的な方法のうち法人が継続して適用している方法によりイの減額若しくは増額をする可能性又は算定基準の基礎数値が見積もられ，その見積りに基づき収益の額を減額し，又は増額することとなる変動対価が算定されていること。

ハ　書類の保存

　イを明らかにする書類及びロの算定の根拠となる書類が保存されていること。

　なお，上記の書類の保存とは，原則として，税務調査時に提示を求められた時は，提示できなければならないことである。

(3)　引渡し等事業年度終了の日後に生じた事情による変動

　法人税基本通達２－１－１の11注書では，引渡し等事業年度終了の日後に生じた事情により本法令規定の３項に規定する「収益基礎額」が変動した場合において，資産の販売等に係る収益の額につき本法令規定の１項に規定する当初益金算入額に本法令規定の１項に規定する修正の経理（本法令規定の２項においてみなされる場合を含む。「修正の経理」という。）により増加した収益の額を加算し，又は当該当初益金算入額からその修正の経理により減少した収益の額を控除した金額が当該資産の販売等に係る本規定の４項に規定する価額又は対価の額（引渡し時の時価）に相当しないときは，本法令規定の３項の規定の適用によりその変動することが確定した事業年度の収益の額を減額し，又は増額することとなることに留意するとしている。

　不確実性が解消したことによる修正経理により調整した後の金額が時価と異なることが明らかとなった時は，更正処分等により，変動することが確定した事業年度において時価に是正されることを確認したものである。

(4) 前期損益修正処理の否定

　この取扱いは，従来の取扱いを念のために確認したものである。すなわち，引渡し等事業年度における資産の販売等に係る収益の額につき，その引渡し等事業年度の収益の額として経理していない場合において，その後の事業年度の確定した決算において行う受入れの経理（その後の事業年度の確定申告書における益金算入に関する申告の記載を含む。）は，一般に公正妥当な会計処理の基準に従って行う修正の経理には該当しない（法基通2-1-1の11注2）。要するに，前期損益修正による処理で事後的に受入処理しても認めないという従来の取扱いを確認したものである。

3．売上割戻しの処理（法基通2-1-1の12〜14←旧法基通2-5-1〜3）

　売上割戻しの処理については，変動対価として処理した場合については，上記2．(2)に掲げた要件を満たす場合は，その変動対価としての見積り処理が認められる。変動対価としての処理を行わなかった場合については，売上割戻しの通知日又は支払日の属する事業年度の収益の額に算入するとして，従来の取扱い（旧法基通2-5-1）を認めるとしている。

　また，同様に売上割戻しを5年超の一定の期間にわたって保証金等として預かることにしているため，相手方がその利益の全部又は一部を実質的に享受することができないものは，実質的に相手方にその利益を享受させることとした場合又は現実に支払った日の事業年度において売上割戻しとするとし，この取扱いも従前の取扱い（旧法基通2-5-2，3）を引き継いだものである。

　この場合の「実質的に相手方にその利益を享受させること」とは，次のような事実があることをいう。

(1) 相手方との契約等に基づいてその売上割戻しの金額に通常の金利を付

すとともに、その金利相当額については現実に支払っているか、又は相手方からの請求があれば支払うこととしていること。
(2) 相手方との契約等に基づいて保証金等に代えて有価証券その他の財産を提供することができることとしていること。
(3) 保証金等として預かっている金額が売上割戻しの金額のおおむね50％以下であること。
(4) 相手方との契約等に基づいて売上割戻しの金額を相手方名義の預金又は有価証券として保管していること。

４．値増金の益金算入の時期（法基通２－１－１の15←旧法基通２－１－８）

　建設工事等に係る工事代金について資材の値上がり等に応じて値増金を受け取ることが契約において明らかにされている場合で、変動対価の取扱い（法基通２－１－１の11）を適用しないときは、その収入すべき値増金の額については、次の場合の区分に応じ、それぞれ次によることとする。
　ただし、その建設工事等の引渡しの日後において相手方との協議によりその収入すべき金額が確定する値増金については、その収入すべき金額が確定した日の属する事業年度の収益の額を増額する。
(1) 当該建設工事等が履行義務が一定の期間にわたり充足されるものに該当する場合（請負に係る収益の帰属時期の原則的取扱いを適用する場合を除く。）には、その値増金を収入することが確定した日の属する事業年度以後の履行義務が一定の期間にわたり充足するにつれて合理的な基準による収益の額の算定に反映する。
(2) 上記(1)の場合以外の場合には、その建設工事等の引渡しの日の属する事業年度の益金の額に算入する。
　この取扱いは、基本的には、改正前の取扱い（旧法基通２－１－８）を踏襲しているのであるが、本通達改正により、新たに定められた履行義務が

一定の期間にわたり充足される場合の収益の計上時期の取扱い（法基通2-1-21の2，5）を，値増金を収入することが確定した日の属する事業年度以後について適用することとしたものである。

5．キャッシュバック（法基通2-1-1の16←新設）
(1) 取引価格の調整
　本会計基準では，取引価格の算定にあたって，変動対価に該当する「顧客に支払われる対価」を減額することとされている（会基48）。キャッシュバックはその典型であり，相手方から受領する別個の財又はサービスと交換に支払われるものである場合を除き，取引価格から減額する（会基63）。
　資産の販売等をする日又は企業が対価を支払う日のいずれか遅い日の時点で取引価格から減額する（会基64）。
　例えば，商品の対価100千円，キャッシュバック10千円だとすると，従来の会計処理では，売上100千円を計上して，キャッシュバックに相当する金額は，費用10千円として処理することとされていた。
　ところが，本会計基準では，売上金額の調整としてキャッシュバックに係る金額を減額し，売上90千円として処理することとされた。

(2) 法人税の取扱い
　本会計基準の処理と同様とする。従来は抽選券付販売（法基通9-7-1）及び金品引換券付販売（法基通9-7-2）にキャッシュバックも含めていた。すなわち，キャッシュバック相当額について費用の処理の問題としていたのであるが，本会計基準の処理に合わせて収益の額の問題とした（法基通2-1-1の16）。それ以外の抽選券付販売及び金品引換券付販売の処理については，改正前と変更はなく，販管費等の費用の問題として債務

確定基準により処理することに変わりはない。なお，対価の額の調整時期は，次のいずれか遅い日の属する事業年度の収益の額から減額する。
① その支払う対価に関連する資産の販売等に係る本規定の1項に規定する日又は同規定の2項に規定する近接する日
② その対価を支払う日又はその支払を約する日

〔1〕収益認識に関する会計基準の概要

〔2〕収益計上の単位

〔3〕収益の額の帰属事業年度

〔4〕益金の額に算入すべき収益の額

〔5〕返品調整引当金の廃止

〔6〕長期割賦販売等に係る延払基準の廃止

〔7〕本改正と中小企業に対する影響

〔8〕収益認識基準と消費税

〔9〕条文構成の問題点

Ⅰ 本改正前の返品調整引当金

1．適用対象事業
返品調整引当金の適用対象事業は次のものである。
(1) 出版業
(2) 出版に係る取次業
(3) 医薬品，農薬，化粧品，既製服，音声カセットテープ・コンパクトディスク製造業
(4) 上記(3)に係る物品の卸売業

2．特約要件
返品調整引当金の損金算入は，次のような特約を締結している場合に限られる。
(1) 販売先からの求めに応じて，販売棚卸資産を当初販売価額で買い戻すこと
(2) 販売先は，送付を受けた販売棚卸資産を，注文の有無にかかわらず購入すること

3．返品調整引当金の繰入限度額
返品調整引当金は，引当金として損金経理した金額のうち次の繰入限度額までの金額とされる。なお，返品調整引当金は毎期洗い替えのため翌期に益金算入される。

$$\text{繰入限度額} = \begin{pmatrix} \text{期末売掛金又} \\ \text{は期末2か月} \\ \text{間の売上高} \end{pmatrix} \times \text{返品率}^* \times \text{売買利益率}$$

＊返品率は総売上高に対する返品高の割合である。

Ⅱ 返品調整引当金の廃止

1．返品調整引当金の廃止理由

　本会計基準では，返品・買戻しについては，引当金の問題ではなく，収益の額の算定の問題として調整することとされ，法人税もその立場を踏襲した。

　認識した収益の著しい減額が生じない可能性が非常に高い部分に限り収益の額を認識するとしていることから，返品可能性部分も含めて一旦売上に計上することを前提とした処理である返品調整引当金制度は廃止されることになった（法法53の廃止）。

2．適用関係

　返品調整引当金の廃止は，平成30年4月1日以後に終了する事業年度に係る法人税について適用し，同日前に終了する事業年度に係る法人税については，従来通りの適用になる。なお，同日以後に終了する事業年度については，下記Ⅲの経過措置が手当てされている。

Ⅲ 返品調整引当金の廃止に伴う経過措置

　返品調整引当金の廃止に伴う経過措置として，経過措置事業年度については次の措置が手当てされている。経過措置事業年度とは，平成30年4月1日以後に終了する事業年度から平成42年3月31日以前に開始する事業年度までの事業年度をいう。

1．平成33年3月31日までに開始する事業年度

平成30年4月1日において返品調整引当金制度の対象事業を営む法人（経過措置法人）について，平成33年3月31日までに開始する各事業年度については現行どおりの損金算入限度額による引当てを認める。これらの事業年度については，本会計基準は強制適用になっていないことから，法人の選択により返品調整引当金の繰入処理が可能であるためである。

2．平成33年4月1日から平成42年3月31日までの間に開始する各事業年度

平成30年4月1日において返品調整引当金制度の対象事業を営む経過措置法人については，上記1．とともに，平成33年4月1日から平成42年3月31日までの間に開始する各事業年度については，現行法による損金算入限度額に対して1年ごとに10分の1ずつ縮小した額の引当てを認める等の経過措置を講ずるものとし，見直しの影響に考慮している。

次の事業年度については，本改正前の規定による繰入限度額に対し，それぞれ次の割合を乗じて計算した金額とされている（平30改正法附則25①）。

・平成33年4月1日から平成34年3月31日までの間に開始する事業年度……9／10
・平成34年4月1日から平成35年3月31日までの間に開始する事業年度……8／10
・平成35年4月1日から平成36年3月31日までの間に開始する事業年度……7／10
・平成36年4月1日から平成37年3月31日までの間に開始する事業年度……6／10
・平成37年4月1日から平成38年3月31日までの間に開始する事業年度

……5／10
・平成38年4月1日から平成39年3月31日までの間に開始する事業年度
　　　……4／10
・平成39年4月1日から平成40年3月31日までの間に開始する事業年度
　　　……3／10
・平成40年4月1日から平成41年3月31日までの間に開始する事業年度
　　　……2／10
・平成41年4月1日から平成42年3月31日までの間に開始する事業年度
　　　……1／10

3．益金算入

　上記の経過措置の適用により，法人の平成42年4月1日以後最初に開始する事業年度の前事業年度の所得の金額の計算上損金の額に算入された返品調整引当金勘定の金額は，その最初に開始する事業年度において益金の額に算入することとされている（平30改正法附則25②）。

4．みなし損金経理

　本会計基準を会計処理で適用する法人については，返品調整引当金の損金経理処理ができない。経過措置事業年度については，返金負債勘定の金額から返品資産勘定の金額を控除した金額を返品調整引当金勘定に損金経理により繰り入れた金額とみなす（平30改正法令附則9③）。

＜会計処理例＞

　返品調整引当金の対象となる取引のように返品権が付いている販売取引の本会計基準による処理例は，次のとおりになる。
　顧客への1個100円の商品を100個販売した。返品が見込まれるものは2

個である。なお，この商品の売上原価は1個60円である。
(1) 収益の計上
(借) 現金　　　10,000　　（貸) 売上　　　9,800
　　　　　　　　　　　　　　　　返金負債　　200
(2) 原価の計上
(借) 売上原価　5,880　　（貸) 商品　　　6,000
　　　返品資産　　120
(3) 返品調整引当金に繰り入れたものとみなす金額
　　200 − 120 = 80

Ⅳ　返品債権特別勘定の存続

1．返品債権特別勘定

　出版業を営む法人に認められていた返品債権特別勘定（法基通9－6－4）は存続する。これは，売上額の調整勘定である点で本会計基準の取引価格の算定上の調整要素となり，本会計基準との調整は可能であること，及び廃止するとなると返品調整引当金の廃止と重なり，週刊誌等を発行する出版業界への影響が大きいことを考慮したものと考えられる。

2．返品債権特別勘定の設定（法基通9－6－4←旧法基通9－6－4）
(1) 返品債権特別勘定の繰入額の損金算入

　出版業を営む法人のうち，常時，その販売する出版業に係る棚卸資産の大部分につき，一定の特約を結んでいるものが，雑誌（週刊誌，旬刊誌，月刊誌等の定期刊行物をいう。）の販売に関し，その取次業者又は販売業者（「販売業者」という。）との間に，次の①及び②に掲げる事項を内容と

する特約を結んでいる場合には，その販売した事業年度において繰入限度額以下の金額を損金経理により返品債権特別勘定に繰り入れることができる。

① 各事業年度終了の時においてその販売業者がまだ販売していない雑誌（当該事業年度終了の時の直前の発行日に係るものを除く。「店頭売れ残り品」という。）に係る売掛金に対応する債務をその終了時において免除すること。
② 店頭売れ残り品をその事業年度終了の時において自己に帰属させること。

(2) 一定の特約

上記(1)における一定の特約とは，次に掲げる事項を内容とする特約とされている（法基通9-6-4注1）。

① 販売先からの求めに応じ，その販売した棚卸資産を当初の販売価額によって無条件に買い戻すこと。
② 販売先において，当該法人から棚卸資産の送付を受けた場合にその注文によるものかどうかを問わずこれを購入すること。

3．みなし損金経理

法人がその事業年度において，店頭売れ残り品に係る返金負債勘定又は返品資産勘定を設けている場合には，その返金負債勘定の金額から返品資産勘定の金額を控除した金額については，損金経理により返品債権特別勘定に繰り入れたものとみなされる（法基通9-6-4注2）。

これは，本会計基準による処理を行う場合には，会計処理として損金経理により返品債権特別勘定に繰り入れる処理ができないことを考慮したものである。

4．返品債権特別勘定の繰入限度額

返品債権特別勘定の繰入限度額は，次に掲げるいずれかの金額とする（法基通9-6-5）。

(1) その事業年度終了の時における雑誌の販売に係る売掛金（その事業年度終了の時の直前の発行日に係るものを除く。）の帳簿価額の合計額に当該雑誌の返品率を乗じて計算した金額から店頭売れ残り品のその事業年度終了の時における価額に相当する金額を控除した金額

(2) その事業年度終了の日以前2月間における雑誌の販売の対価の額（その事業年度終了の時の直前の発行日に係るものを除く。）の合計額に当該雑誌の返品率を乗じて計算した金額から店頭売れ残り品のその事業年度終了の時における価額に相当する金額を控除した金額

なお，上記(1)又は(2)の返品率とは，買戻事業年度（その事業年度及びその事業年度開始の前1年以内に開始した各事業年度をいう。）における次の割合をいう。

（返品率）

$$\frac{②}{①}$$

① 当該雑誌の販売対価の額の合計額
② 上記2．(2)に規定する一定の特約に基づく当該雑誌の無条件の買戻しに係る対価の額の合計額

5．返品債権特別勘定の金額の益金算入等

(1) 益金算入

返品債権特別勘定の金額は，その繰り入れた事業年度の翌事業年度の益金の額に算入する（法基通9-6-6）。

(2) 明細書の添付

　返品債権特別勘定への繰入れを行う場合には，その繰入れを行う事業年度の確定申告書に返品債権特別勘定の繰入額の計算に関する記載をした明細書を添付しなければならない（法基通9-6-7）。

〔1〕収益認識に関する会計基準の概要

〔2〕収益計上の単位

〔3〕収益の額の帰属事業年度

〔4〕益金の額に算入すべき収益の額

〔5〕返品調整引当金の廃止

〔6〕長期割賦販売等に係る延払基準の廃止

〔7〕本改正と中小企業に対する影響

〔8〕収益認識基準と消費税

〔9〕条文構成の問題点

Ⅰ　本改正前の長期割賦販売等に係る延払基準

1．長期割賦販売等の定義
　長期割賦販売等とは，次の要件に適合する条件を定めた契約に基づき，その条件により行われる資産の販売等をいう。
(1)　月賦，年賦その他の賦払の方法により3回以上に分割して対価の支払を受けること
(2)　資産の販売等に係る目的物又は役務の引渡し又は提供の期日の翌日から最後の賦払金の支払の期日までの期間が2年以上であること
(3)　契約において定められているその資産の販売等の目的物の引渡しの期日までに支払の期日の到来する賦払金の額の合計額が資産の販売等の対価の額の3分の2以下であること

2．延払基準適用の要件
　資産の販売等に延払基準を適用するには，次の要件を満たす必要がある。
(1)　長期割賦販売等であること
(2)　確定した決算で延払基準の方法により経理すること
(3)　延払基準を適用した資産の販売等について翌期以降も継続して延払基準の方法により経理すること

　なお，リース取引のうち所有権移転がリース取引で売買取引として取り扱われるもの（「リース譲渡」という。法法64の2①）についても長期割賦販売に係る延払基準を適用することができる。

3. 延払基準による経理

次の算式により計算した金額をその期の収益の額又は費用の額として経理する方法をいう。

(1) **収益の額**

$$\begin{pmatrix}長期割賦販売\\等の対価の額\end{pmatrix} \times \frac{賦払金のうち当期中に支払期日が到来するものの額}{長期割賦販売等の対価の額}$$

(2) **費用の額**

$$\begin{pmatrix}長期割賦販売\\等の原価の額\end{pmatrix} \times \frac{賦払金のうち当期中に支払期日が到来するものの額}{長期割賦販売等の対価の額}$$

Ⅱ 長期割賦販売等に係る延払基準の廃止

1．本会計基準と長期割賦販売等の延払基準廃止の理由

本会計基準では，一時点で充足される履行義務については，その一時点で収益を認識すべきとされており，割賦基準や延払基準は認められない。したがって，本会計基準の会計処理としては，延払基準による経理処理は，そもそも認められないことになる。

したがって，長期割賦販売等に該当する資産の販売等について延払基準により収益の額及び費用の額を計算する選択制度は，廃止する（法法63の見直し）。

2．適用関係

長期割賦販売等に係る延払基準の廃止は，平成30年4月1日以後に終了する事業年度に係る法人税について適用し，同日前に終了した事業年度に

ついては、従来通りの適用になる。なお、同日以後に終了する事業年度については、下記Ⅲの経過措置が手当てされている。

Ⅲ　長期割賦販売等に係る延払基準の廃止に伴う経過措置

　廃止に伴う経過措置として次の対象法人については、次の経過措置が手当てされている。

1．経過措置の対象法人

　平成30年4月1日前に長期割賦販売等に該当する資産の販売等（リース譲渡を除く。「特定資産の販売等」という。）を行った法人（同日前に行われた長期割賦販売等に該当する特定資産の販売等に係る契約の移転を受けた法人を含む。）が経過措置の対象となる法人とされている（平30改正法附則28①）。

　法人が平成30年4月1日前に長期割賦販売等に該当する特定資産の販売等に係る契約をし、かつ、同日以後にその特定資産の販売等に係る目的物又は役務の引渡し又は提供をした場合には、その法人が対象法人に該当するかどうかの判定においては、その特定資産の販売等は、同日前に行われたものとすることとされている（平30改正法令附則13③）。

　すなわち、平成30年4月1日前に1度でも長期割賦販売等に該当する特定資産の販売等を行っていれば、その資産の販売等につき延払基準の適用を受けたかどうかにかかわらず、その法人が経過措置の対象となる。また、同日前に行われた長期割賦販売等に該当する特定資産の販売等に係る契約の移転を受けた場合には、その契約につき移転した法人又は移転を受けた法人で延払基準の適用を受ける又は受けたかどうかにかかわらず、そ

の移転を受けた法人が経過措置の対象となる。

2．廃止に伴う経過措置
(1) 平成35年3月31日までに開始する各事業年度の経過措置

平成30年4月1日前に長期割賦販売等に該当する資産の販売等を行った法人（経過措置の対象法人）については，平成30年4月1日以後に終了する事業年度で平成35年3月31日以前に開始する各事業年度（経過措置事業年度）について，現行の延払基準により収益の額及び費用の額を計算することができることとする（平30改正法附則28①）。

なお，経過措置事業年度においても，延払基準による経理は要件とされることから，本会計基準を適用した場合は，延払基準の経理要件を満たさないことになり，この経過措置の適用はないことになる。

(2) 経過措置事業年度中に延払基準の方法により経理しなかった場合等の処理

長期割賦販売等に該当する特定資産の販売等に係る収益の額及び費用の額について，次の場合に該当する場合には，次のとおり残額を一括で益金の額及び損金の額に算入することとされている（平30改正法附則28②）。

① その特定資産の販売等に係る収益の額及び費用の額につき経過措置事業年度の確定した決算において延払基準の方法により経理しなかった場合

　未計上収益額及び未計上費用額を，その経理しなかった決算に係る事業年度の所得の金額の計算上，益金の額及び損金の額に算入することとされている。

② その特定資産の販売等に係る収益の額及び費用の額のうち，平成35年3月31日以前に開始した各事業年度の所得の金額の計算上益金の額及び損金の額に算入されなかったものがある場合

未計上収益額及び未計上費用額を，同日後最初に開始する事業年度の所得の金額の計算上，益金の額及び損金の額に算入することとされている。

この場合の「未計上収益額」及び「未計上費用額」とは，その長期割賦販売等に該当する特定資産の販売等に係る収益の額及び費用の額から，上記①の経理しなかった事業年度又は上記②の平成35年3月31日後最初に開始する事業年度（「基準事業年度」という。）開始の日前に開始した各事業年度の所得の金額の計算上益金の額及び損金の額に算入されるものを除いたものをいう。

すなわち，言い換えると平成35年3月31日以前に開始した事業年度までのいずれかの事業年度において延払基準による経理をやめた場合には，その事業年度で上記①の適用があることになり，平成35年3月31日以前に開始した事業年度までの事業年度において延払基準による経理をやめなかった場合には，同日後最初に開始する事業年度において上記②の適用があることになる。

例えば，本会計基準を適用しなければならない法人は，平成33年4月1日以後に開始する事業年度から強制適用とされていることから，任意適用をした場合にはその任意適用の開始事業年度において上記①が適用され，任意適用をしなかった場合には強制適用事業年度である平成33年3月31日以後最初に開始する事業年度において上記①が適用されることになる。

本会計基準を適用する必要がない法人は，平成35年3月31日までに開始する事業年度のうちいずれかの事業年度で延払基準による経理をやめた場合には，そのやめた事業年度において上記①が適用され，平成35年3月31日までに開始する事業年度において延払基準による経理をやめなかった場合には同日後最初に開始する事業年度において上記②が適用されることになる。

(3) 未計上収益額及び未計上費用額の10年均等取崩し

　対象法人の長期割賦販売等に該当する特定資産の販売等に係る収益の額及び費用の額が上記(2)①又は②の場合に該当する場合において，その特定資産の販売等に係る未計上収益額がその特定資産の販売等に係る未計上費用額を超えるときは，上記(2)は適用せず，その未計上収益額及び未計上費用額を120（10年）で除し，これにその事業年度の月数を乗じて計算した金額（以下「10年均等取崩額」という。）を，基準事業年度以後の各事業年度の所得の金額の計算上，益金の額及び損金の額に算入することとされている（平30改正法附則28③）。なお，残存賦払期間にかかわらず，均等取崩期間は10年となる。

　ただし，次の事業年度にあっては，その未計上収益額及び未計上費用額からその未計上収益額及び未計上費用額のうちその事業年度前の各事業年度の所得の金額の計算上益金の額及び損金の額に算入された金額を控除した金額（以下「未計上残額」という。）を，その事業年度の所得の金額の計算上，益金の額及び損金の額に算入することとされている（平30改正法附則28③，平30改正法令附則13⑩⑪）。

① 解散若しくは事業の全部の廃止若しくは譲渡の日の属する事業年度，清算中の事業年度又は被合併法人の合併（適格合併を除く。）の日の前日の属する事業年度

　この場合の事業の譲渡は，適格分割又は適格現物出資による分割承継法人又は被現物出資法人への譲渡で，その適格分割又は適格現物出資につき長期割賦販売等に該当する特定資産の販売等に係る契約を移転した場合の取扱いの適用を受けるものを除くこととされている（平30改正法附則28③，平30改正法令附則13④）。

② 特定普通法人等が公益法人等に該当することとなる場合におけるその該当することとなる日の前日の属する事業年度

③ 10年均等取崩額が未計上残額を超える事業年度
④ 外国法人の国内事業終了年度（恒久的施設を有する外国法人が恒久的施設を有しないこととなった場合におけるその有しないこととなった日の属する事業年度をいい，その外国法人を被合併法人，分割法人又は現物出資法人とする適格合併，適格分割又は適格現物出資により恒久的施設を有しないこととなった日の属する事業年度を除く。）

　この場合の適格分割又は適格現物出資は，その外国法人がその適格分割又は適格現物出資につき長期割賦販売等に該当する特定資産の販売等に係る契約を移転した場合の取扱いの適用を受ける場合におけるその適格分割又は適格現物出資に限ることとされている（平30改正法令附則13⑩）。

外国法人の国内事業終了年度が基準事業年度である場合には，その国内事業終了年度においては，この(3)の取扱いは適用しないこととされている（平30改正法令附則13⑩）。

　したがって，上記(2)により未計上収益額及び未計上費用額の一括計上をすることになる。一方，外国法人の国内事業終了年度が基準事業年度後の事業年度である場合には，この(3)の取扱いより10年均等取崩額の未計上残額を一括取崩しすることになる。

(4) 10年均等取崩しと確定申告書への記載

　上記の(3)の10年均等取崩しの適用を受けるためには，基準事業年度の確定申告書に，この(3)の適用により益金の額及び損金の額に算入される金額の申告の記載をすることが必要とされている（下記「申告書記載例」参照）（平30改正法附則28④）。

　この場合の確定申告書とは，法人税法2条31号の確定申告書をいい，基準事業年度の中間申告書を提出する場合に，その中間申告書をいう（平30

改正法附則28④)。

　すなわち,未計上収益額が未計上費用額を超える場合に,上記(2)により基準事業年度に一括で益金の額及び損金の額に算入するか,この(3)により基準事業年度以後10年均等で益金の額及び損金の額に算入するかは,確定申告書への記載により,法人が選択できることになる。

＜参考＞申告書記載例（10年均等取崩しの場合）

① 経過措置事業年度に該当するある事業年度（基準事業年度）の確定した決算において延払基準の方法による経理をやめた場合（会計上,繰延割賦売上利益戻入益200を計上）
② 特定資産の販売等に係る対価の額1,000,特定資産の販売等に係る原価の額750,前事業年度までに支払期日が到来した賦払金の合計額200（賦払金割合0.2）
③ 前事業年度までの益金算入額200（＝1,000×0.2）,前事業年度までの損金算入額150（＝750×0.2）
④ 未計上収益額800（＝1,000-200）,未計上費用額600（＝750-150）

◎基準事業年度の処理

別表四　所得の金額の計算に関する明細書

区　分		総　額	処　分
			留　保
		①	②
加算	未計上収益額取崩し	80	80
減算	繰延割賦売上利益戻入益否認	200	200
	未計上費用額取崩し	60	60

◎基準事業年度の翌事業年度以後の処理

別表四　所得の金額の計算に関する明細書

区　分		総　額	処　分
			留　保
		①	②
加算	未計上収益額取崩し	80	80
減算	未計上費用額取崩し	60	60

＜財務省「平成30年度税制改正の解説」財務省HP.285頁より抜粋＞

〔1〕収益認識に関する会計基準の概要
〔2〕収益計上の単位
〔3〕収益の額の帰属事業年度
〔4〕益金の額に算入すべき収益の額
〔5〕返品調整引当金の廃止
〔6〕長期割賦販売等に係る延払基準の廃止
〔7〕本改正と中小企業に対する影響
〔8〕収益認識基準と消費税
〔9〕条文構成の問題点

Ⅰ 中小企業と本会計基準

　本会計基準の強制適用の対象となる企業は，主に金融商品取引法の規制の適用対象会社（上場会社，有価証券届出書・有価証券報告書提出会社）や会社法上の会計監査人を設置している会社（資本金5億円以上，又は負債総額200億円以上の会社，監査等委員会設置会社及び指名委員会等設置会社）とされている。

　したがって，上記以外の中小企業については本会計基準の強制適用の対象にはならないということになる。

　上記以外の中小企業については，企業会計原則を前提として，中小企業向けの会計基準としては「中小企業の会計に関する指針」，「中小企業の会計に関する基本要領」がある。なお，「中小企業の会計に関する基本要領」は国際会計基準の影響は受けないものとされている。したがって，中小企業に対する会計基準に直ちに新たに開発された本会計基準が適用されるわけではない。

　しかし，本会計基準の適用が中小企業に全く関係がないとはいえない。例えば，その会社の資本金等は中小企業の範囲に該当するとしても，上場企業又は大会社のグループ内の子会社である場合は，原則として連結財務諸表の連結範囲に該当する。その場合は，当該子会社も親会社と同様の会計基準を適用することになる点は留意する必要がある。

　なお，上場企業又は大会社のグループ内の子会社に該当しても連結グループとして重要性がないと考えられる子会社については，重要性の原則を適用し，連結の範囲外とすることができる。しかし，そのような場合でも，会計監査等との関係で，グループ本体の会計処理との一定の連動性が要求される可能性はある。

〔7〕本改正と中小企業に対する影響　123

　なお，中小企業における会計処理において，本会計基準の一部を適用することが可能かどうかという問題がある。例えば，変動対価に関する処理とか履行義務に関する処理をその中小企業の会計処理の一部について適用することができるのかということである。この点は，本会計基準の処理は，会社法431条の「一般に公正妥当と認められる企業会計の慣行」を構成するものであると考えられるので，特に本会計基準のつまみ食いにより，かえって誤った会計情報を利害関係者に与え，適正な利益計算の弊害となっているような場合を除いて容認されるものと考えられる。

II　本通達の改正と中小企業への影響

　本書で見てきたように，本会計基準を契機にして，法人税においては，本規定の創設，それに基づく法人税基本通達の収益の額に関する部分のほぼ全面的な見直しが行われた。履行義務単位とする取引の単位に関する通達（法基通2-1-1の2〜9）では，ポイント等を付与した場合の収益の計上単位の取扱いなどは，従来とは異なるもので，かつ中小企業等においても関係するものである。
　変動対価に係る取扱いも，従来とは異なり，取引時の収益の額を減額できる処理が容認されている。売上割戻しに関する処理についても要件が整備し直されている。履行義務の充足に関係して一定の期間にわたり充足されるものなどについても，新たな取扱いとして整備されている。商品引換券の収益の帰属時期に関する通達も，要件などが大きく変更になっている。
　そして，収益の額に関する通達が全般的に整備し直されたことから，従来と同様な定めについても通達番号などが大幅に変更になっている。

これら本通達の改正を概観しただけでも，中小企業については，従来の取扱いと実質的には何ら変わりがないと片づけることはできない。

Ⅲ　収益の額の帰属事業年度に関する考え方

　既に〔3〕収益の額の帰属事業年度のⅢの「5．実現主義，権利確定主義との関係」で若干触れたが，立法担当者による解説によるならば，収益の額の帰属事業年度について，本改正にあたって，「引渡基準」，「役務提供日基準」を採用したのは，平成5年最高裁判決の権利確定主義によるものではないとしている。すなわち，「権利の確定といった対価の流入の側面に着目するのではなく，上記の無償譲渡に関する論点や上記(2)で述べた収益の額についての考え方との整合性も考慮して，資産の引渡し又は役務の提供の時点を収益認識の原則的な時点とする」と述べている。

　この点については，従来の権利確定主義，実現主義との関係でどのように位置づけ整理すべきかの論点を惹起しているといえる。

〔1〕収益認識に関する会計基準の概要

〔2〕収益計上の単位

〔3〕収益の額の帰属事業年度

〔4〕益金の額に算入すべき収益の額

〔5〕返品調整引当金の廃止

〔6〕長期割賦販売等に係る延払基準の廃止

〔7〕本改正と中小企業に対する影響

〔8〕収益認識基準と消費税

〔9〕条文構成の問題点

国税庁は，次のような6ケースについて，本会計基準に基づく会計処理，法人税の処理と消費税の処理とのズレなど明らかにしている（国税庁HP「収益認識基準による場合の取扱いの例」）。

I　ケース1　自社ポイントの付与（論点：履行義務の識別）

自社ポイント（100円（税込）につき10ポイント付与）。1ポイント1円の商品と交換。

【単位：円】

会計	法人税	消費税
商品売買時		
（売手） 現金　　10,800　　売上　　　　9,025*1 　　　　　　　　　契約負債　　975*2 　　　　　　　　　仮受消費税　800	同左	課税売上高　10,000 仮受消費税　　　800
（買手） 仕入　　10,000　　現金　　10,800 仮払消費税　800	同左	課税仕入高　10,000 仮払消費税　　　800
ポイント使用時		
（売手） 1,080円の商品販売でポイント使用 契約負債　　975　　売上　　　　975	同左	課税売上高　　1,000 仮受消費税　　　　80 対価の返還　－1,000 仮受消費税　　　－80

(買手)				同左	課税仕入高　　1,000
処理なし					仮払消費税　　　80
又は					対価の返還　－1,000
仕入	1,000	仕入値引	1,000		仮払消費税　　－80
仮払消費税	80	仕入対価返還	80		

*1　$10,000 \times \dfrac{10,000}{(10,000+1,080)} = 9,025$

*2　$10,000 \times \dfrac{1,080}{(10,000+1,080)} = 975$

　この事例は，自社ポイントを付与した場合の会計，法人税，消費税の処理を明らかにしたものである。この事例は，「履行義務の識別」の事例とされている。

1．本会計基準の考え方

　具体的には，「顧客との契約において，既存の契約に加えて追加の財又はサービスを取得するオプションを顧客に付与する場合には，当該オプションが当該契約を締結しなければ顧客が受け取れない重要な権利を顧客に提供するときにのみ，当該オプションから履行義務が生じる。この場合には，将来の財又はサービスが移転する時，あるいは当該オプションが消滅する時に収益を認識する。

　重要な権利を顧客に提供する場合とは，例えば，追加の財又はサービスを取得するオプションにより，顧客が属する地域や市場における通常の値引きの範囲を超える値引きを顧客に提供する場合をいう」（指針48）とされている。自社ポイントの付与は，商品の販売とは別個な履行義務として認識するということである。この場合の履行義務を識別する要件は，「当該オプションが当該契約を締結しなければ顧客が受け取れない重要な権利を顧客に提供するときにのみ」というものである。通常の値引きの範囲を

超えた「重要な権利」を与えるものであるか否かが判断根拠になる。

そして，自社ポイントに履行義務を認識することになると本契約における取引には，商品の販売と自社ポイントの付与との2つの約束（履行義務）が存することになる。

そうすると，基本原則のステップ4の取引価格の各履行義務への配分が問題になる。

取引価格の各履行義務への配分は，「財又はサービスの独立販売価格の比率に基づき，契約において識別したそれぞれの履行義務に取引価格を配分する。」（会基66）とし，具体的な配分は，「財又はサービスの独立販売価格の比率に基づき取引価格を配分する際には，契約におけるそれぞれの履行義務の基礎となる別個の財又はサービスについて，契約における取引開始日の独立販売価格を算定し，取引価格を当該独立販売価格の比率に基づき配分する。」（会基68）としている。

本事例の場合では，商品の通常の販売価格10,000円，ポイントの交換価格1,080円を独立販売価格として，その比率により取引価格10,000円を配分している。

ポイントの付与に係る収益の額は，「将来の財又はサービスが移転する時，あるいは当該オプションが消滅する時に収益を認識する。」（指針48）ので，商品販売時，ポイント付与時は契約負債として処理し，ポイントを使用した時に収益の額を認識することになる。

2．法人税の処理

本事例においては，法人税における処理は，「同左」とされている。しかし，この点は単純に「同左」と捉えてしまってはいけない。法人税においても同左の処理になるには，法人税基本通達2-1-1の7に定めている要件を満たさなければならない。

〔8〕収益認識基準と消費税　129

　すなわち，法人税は，次のように要件を全て満たす場合であることとして，より別途の確実な取引となる厳格な要件を定めていることを考慮しなければならない。

　次の要件の全てを満たすときは，継続適用を条件として，自己発行ポイント等について当初の資産の販売等とは別の取引に係る収入の一部又は全部の前受けとすることができるものとした。この場合の自己発行ポイント等とは，その法人以外の者が運営するものを除き，特別の会員等に対してだけでなく，不特定多数の者に付与する場合に限るものである。

＜自己発行ポイント等の要件＞

(1) その付与した自己発行ポイント等が当初資産の販売等の契約を締結しなければ相手方が受け取れない重要な権利を与えるものであること。
(2) その付与した自己発行ポイント等が発行年度ごとに区分して管理されていること。
(3) 法人がその付与した自己発行ポイント等に関する権利につきその有効期限を経過したこと，規約その他の契約で定める違反事項に相手方が抵触したことその他の当該法人の責に帰さないやむを得ない事情があること以外の理由により一方的に失わせることができないことが規約その他の契約において明らかにされていること。
(4) 次のいずれかの要件を満たすこと。
　① その付与した自己発行ポイント等の呈示があった場合に値引き等をする金額が明らかにされており，かつ，将来の資産の販売等に際して，たとえ1ポイント又は1枚のクーポンの呈示があっても値引き等をすることとされていること。
　　なお，一定単位数等に達しないと値引き等の対象にならないもの，

> 割引券（将来の資産の販売等の対価の額の一定割合を割り引くことを約する証票をいう。）及びいわゆるスタンプカードのようなものはこの要件を満たす自己発行ポイント等には該当しない。
> ② その付与した自己発行ポイント等が当該法人以外の者が運営するポイント等又は自ら運営する他の自己発行ポイント等で，上記①に該当するものと所定の交換比率により交換できることとされていること。

(注) 自己発行ポイント等の付与について別の取引に係る収入の一部又は全部の前受けとする場合には，当初資産の販売等に際して支払を受ける対価の額を，当初資産の販売等に係る引渡し時の価額等（その販売若しくは譲渡をした資産の引渡しの時における価額又はその提供をした役務につき通常得べき対価の額に相当する金額をいう。）と，当該自己発行ポイント等に係るポイント等相当額とに合理的に割り振る。

3．消費税の処理

(1) 消費税の処理単位

消費税は契約の取引単位で課税されることから，本会計基準のように履行義務により取引単位を認識することはない。したがって，商品販売時に10,000円の課税売上高と消費税800円を認識することになる。ここに，本会計基準，法人税の処理とのズレが生ずることになる。

(2) 会計処理のズレの調整

会計処理と消費税の処理を連動させないと実務上は困難な問題が生ずる。逐一販売時の会計処理において，消費税を自動仕訳するのでなく，別途入力するわけにはいかない。そこで，考えられる処理としては，会計処理システム上は，契約の取引単位（消費税の処理と同じ処理）で一旦は処理することにせざるを得ないと考えられる。

その上で，事後的に次のようなダミーの調整仕訳）を行うことになるの

ではないかと考えられる。

① 当初仕訳

(借) 現金　　　　10,800　　(貸) 売上　　　　10,000
　　　　　　　　　　　　　　　　仮受消費税　　　800

② 調整仕訳

(借) 売上 (不課税)　975　　(貸) 契約負債　　　975

II　ケース2　契約における重要な金融要素

契約締結と同時に商品を引き渡す。顧客は契約から2年後に対価2,160千円（税込）を支払う。信用供与についての重要な便益が提供されている。対価調整の金利は1％とする。

【単位：千円】

会計			法人税	消費税	
商品引渡時					
(売手) 売掛金　2,117 *1	売上　　　　　1,957		同左	課税売上高　2,000	
	仮受消費税　　160			仮受消費税　　160	
(買手) 仕入　　2,000	買掛金　　　　2,160		同左	課税仕入高　2,000	
仮払消費税　160				仮払消費税　　160	
1年後					
(売手) 売掛金　　21	受取利息　　　21*2		同左	処理なし	
(買手) 処理なし			同左	処理なし	

2年後（対価受領時）			
(売手)			
売掛金 22 受取利息 22*3 現金 2,160 売掛金 2,160	同左	処理なし	
(買手)			
買掛金 2,160 現金 2,160	同左	処理なし	

* 1　$2,160 \div (1+0.01)^2 = 2,117$
* 2　$2,117 \times 0.01 = 21$
* 3　$2,160 - (2,117+21) = 22$

　この事例は，代金支払に係る信用供与について重要な金融要素に関する会計，法人税，消費税の処理を明らかにしたものである。

1．本会計基準の考え方

　本会計基準の基本原則・ステップ3の取引価格の算定に関するものである。

　取引価格の算定にあたっては，契約条件や取引慣行を考慮するとして（会基47），取引価格を算定するには，次の(1)から(4)の全ての影響を考慮するとしている（会基48）。

(1)　変動対価
(2)　契約における重要な金融要素
(3)　現金以外の対価
(4)　顧客に支払われる対価

　上記(2)の重要な金融要素の認識については，「契約の当事者が明示的又は黙示的に合意した支払時期により，財又はサービスの顧客への移転に係る信用供与についての重要な便益が顧客又は企業に提供される場合には，顧客との契約は重要な金融要素を含むものとする。」とされている（会基

56)。そして,「顧客との契約に重要な金融要素が含まれる場合,取引価格の算定にあたっては,約束した対価の額に含まれる金利相当分の影響を調整する。」としている（会基57）。

さらに,「重要な金融要素の影響について約束した対価の額を調整するにあたっては,契約における取引開始日において企業と顧客との間で独立した金融取引を行う場合に適用されると見積られる割引率を使用する。契約における取引開始日後は,金利の変動や顧客の信用リスクの評価の変動等について割引率を見直さない。当該割引率は,約束した対価の現在価値が,財又はサービスが顧客に移転される時の現金販売価格と等しくなるような利率である。」とされている（指針29）。

2．法人税の処理

法人税も金銭貸付けに準ずる取引が含まれていると認められる場合には,利息相当分は売上に含めないことができる取扱いとする（法基通2-1-1の8）。

すなわち,法人が資産の販売等を行った場合において,次の(1)に掲げる額及び次の(2)に掲げる事実並びにその他のこれらに関連する全ての事実及び状況を総合的に勘案して,その資産の販売等に係る契約に金銭の貸付けに準じた取引が含まれていると認められるときは,継続適用を条件として,当該取引に係る利息相当額を当該資産の販売等に係る収益の額に含めないことができる。

(1) 資産の販売等に係る契約の対価の額と現金販売価格（資産の販売等と同時にその対価の全額の支払を受ける場合の価格をいう。）との差額
(2) 資産の販売等に係る目的物の引渡し又は役務の提供をしてから相手方が当該資産の販売等に係る対価の支払を行うまでの予想される期間及び市場金利の影響

法人税は，金融要素に係る取引が含まれていることが明確であることを要件としている。また，他の場合もそうであるが，継続適用を条件としていることに留意する必要がある。利益調整的な都合で行うものは認められないことはいうまでもない。

3．消費税の処理

消費税は契約の取引単位で課税されることから，商品の販売価格の中に別途金融取引を認識し，取引価格を調整することはない。そこで，会計処理，法人税の処理と消費税の処理でズレが生ずることになる。

ズレの調整は，次のようにダミーの勘定を用いて行うことになると考えられる。

(1) 当初仕訳
（借）売掛金　　　　　2,160　　（貸）売上　　　　　2,000
　　　　　　　　　　　　　　　　　　仮受消費税　　　160

(2) 調整仕訳
（借）売上（不課税）　　43　　（貸）前受利息　　　　43

(3) 1年後の仕訳
（借）前受利息　　　　　21　　（貸）受取利息　　　　21

(4) 2年後の仕訳
（借）前受利息　　　　　22　　（貸）受取利息　　　　22
　　　現金　　　　　2,160　　　　　売掛金　　　　2,160

Ⅲ ケース3 割戻しを見込む販売(論点:変動対価)

商品Zの販売につき2年契約を締結。X1年目1,000個,X2年目1,000個,合計2,000個の見込。X1年5月1,000個,X2年5月1,000個販売。
販売数量と単価の関係

0～1,000個	5,000円
1,000個～2,000個	4,000円
2,001個以上	3,000円

【単位:千円】

会計	法人税	消費税
X1年5月1,000個販売時		
(売手) 現金　　5,400　　売上　　　　4,500*1 　　　　　　　　　返金負債　　500 　　　　　　　　　仮受消費税　400	同左	課税売上高　5,000 仮受消費税　　400
(買手) 仕入　　5,000　　現金　　　　5,400 仮払消費税　400	同左	課税仕入高　5,000 仮払消費税　　400
X2年5月1,000個販売時		
(売手) 現金　　4,000　　売上　　　　4,500*1 返金負債　500 現金　　　320　　仮受消費税　320	同左	課税売上高　4,000 仮受消費税　　320
(買手) 仕入　　4,000　　現金　　　　4,320 仮払消費税　320	同左	課税仕入高　4,000 仮払消費税　　320

> ＊1　1個当たりの見込の取引価格
> 　（4,000千円＋5,000千円）÷2,000個＝@4,500円

　この事例は，割戻しに係る変動対価の事例である。販売個数による割戻しを行う契約について変動対価に関する会計，法人税，消費税の処理を明らかにしたものである。

1．本会計基準の考え方

　顧客と約束した対価のうち変動する可能性のある部分を「変動対価」という。契約において，顧客と約束した対価に変動対価が含まれる場合，財又はサービスの顧客への移転と交換に企業が権利を得ることとなる対価の額を見積る。

　変動対価の額の見積りにあたっては，発生し得ると考えられる対価の額における最も可能性の高い単一の金額（最頻値）による方法又は発生し得ると考えられる対価の額を確率で加重平均した金額（期待値）による方法のいずれかのうち，企業が権利を得ることとなる対価の額をより適切に予測できる方法を用いる。

　また，企業が合理的に入手できるすべての情報を考慮し，発生し得ると考えられる対価の額について合理的な数のシナリオを識別する。顧客から受け取った又は受け取る対価の一部あるいは全部を顧客に返金すると見込む場合，受け取った又は受け取る対価の額のうち，企業が権利を得ると見込まない額について，返金負債を認識する（会基50〜53）。

2．法人税の処理

　具体的には，資産の販売等に係る契約の対価について，値引き，値増し，割戻しその他の事実（貸倒れ，返品の事実を除く。）により変動する

可能性がある部分の金額（「変動対価」という。）がある場合において，次の要件のすべてを満たすときは，変動対価につき引渡し等事業年度の確定した決算において収益の額を減額し，又は増額して経理した金額は，引渡し等事業年度の引渡し時の価額等の算定に反映するものとする（法基通2－1－1の11）。

　値引き等の金額や算定基準が相手方に明らかにされている場合には相手方との関係で債務は確定していることを考慮し，収益の額の時価の算定に反映させることとしたものである。この事例の場合も，法人税の処理は「同左」とされているが，法人税において通達で定める次の要件を満たす場合に限られることに留意する必要がある。相手側との関係でこれらの要件を満たすことによって，債務が客観的に確定していることを条件としている。

＜変動対価に係る処理要件＞

(1) **相手側に明らかにされていること等**
　　値引き等の事実の内容及び当該値引き等の事実が生ずることにより契約の対価の額から減額若しくは増額をする可能性のある金額又はその金額の算定基準（客観的なものに限る。）が，当該契約若しくは法人の取引慣行若しくは公表した方針等により相手方に明らかにされていること又は当該事業年度終了の日において内部的に決定されていること。

(2) **合理的方法の継続的適用**
　　過去における実績を基礎とする等合理的な方法のうち法人が継続して適用している方法により(1)の減額若しくは増額をする可能性又は算定基準の基礎数値が見積もられ，その見積りに基づき収益の額を減額し，又は増額することとなる変動対価が算定されていること。

(3) **書類の保存**

> (1)を明らかにする書類及び(2)の算定の根拠となる書類が保存されていること。

3．消費税の処理

　消費税は契約の取引単位で課税されることから，将来の合理的な基準による割戻し，返金等は考慮せずに，その時々の契約単位の取引に係る対価の額で課税される。そこで，会計処理，法人税の処理と消費税の処理でズレが生ずることになる。

　ズレの調整は，次のようにダミーの勘定を用いて行うことになると考えられる。

(1)　当初のX1年5月の仕訳

（借）現金　　　　　　　5,400　　（貸）売上　　　　　　5,000
　　　　　　　　　　　　　　　　　　　仮受消費税　　　　400

(2)　X1年5月の調整仕訳

（借）売上（不課税）　　500　　（貸）返金負債　　　　　500

(3)　X2年5月の仕訳

（借）現金　　　　　　　4,320　　（貸）売上　　　　　　4,000
　　　　　　　　　　　　　　　　　　　仮受消費税　　　　320

(4)　X2年5月の調整仕訳

（借）返金負債　　　　　500　　（貸）売上（不課税）　　500

Ⅳ　ケース4　返品権付き販売（論点：変動対価）

1個200円（税抜）の商品（原価120円）を100個販売。返品予想は2個と見込む。

【単位：円】

会計	法人税	消費税
（売手） 現金　　21,600　売上　　　19,600 　　　　　　　　返金負債　　400 　　　　　　　　仮受消費税 1,600 売上原価11,760　商品　　　12,000 返品資産　240	現金　21,600　売上　　　20,000 　　　　　　　仮受消費税1,600 売上原価12,000　商品　　　12,000 ＊返品はないものとする（法法22の2⑤）。	課税売上高20,000 仮受消費税 1,600
（買手） 仕入　　20,000　現金　　21,600 仮払消費税 1,600	同左	課税仕入高20,000 仮払消費税 1,600

　この事例は，返品権付き販売に係る変動対価の事例である。合理的な基準により返品個数を見積る場合の変動対価に関する会計，法人税，消費税の処理を明らかにしたものである。

1．本会計基準の考え方

　本会計基準においては，返品権付き販売による返品の見積りは，変動対価として収益の額の見積り，調整の問題として算定することになる。返品の見積相当額は，返金負債として処理する。

2．法人税の処理

　法人税は，本規定の5項において貸倒れ，返品の問題は，収益の額の時

価の問題ではなく，別途に損失や費用等の問題として処理することとし，収益の額の時価の算定において返品の可能性はないものとして算定するとしている（法法22の2⑤）。

3．消費税の処理

　消費税は契約の取引単位で課税されることから，契約の取引の対価の額が課税売上高となる。そこで，会計処理との調整を行う必要が生ずる。

(1) 当初の仕訳

（借）現金　　　　　21,600　　（貸）売上　　　　　20,000
　　　　　　　　　　　　　　　　　　仮受消費税　　　1,600

(2) 調整仕訳

（借）売上（不課税）　400　　（貸）返金負債　　　　400

V　ケース5　商品券等（論点：非行使部分）

　ギフトカード（1枚1,000円）を500枚発行。過去の経験から10％の50千円分の非行使が見込まれる。発行翌期に200千円が行使され，商品（税込216千円）と引き換えた。

【単位:千円】

会計	法人税	消費税
ギフトカード発行時		
(売手) 現金　　500　契約負債　500	原則は同左 (例外) 現金　　500　雑収入500	不課税売上高　500
(顧客) 商品券　500　現金　　500	同左	不課税仕入高　500
ギフトカード行使時		
(売手) 契約負債　240　売上　　　200 　　　　　　　　仮受消費税　16 　　　　　　　　雑収入　　　24*1 売上原価　××　商品　　××	(例外) 売上原価××　商品××	課税売上高　200 仮受消費税　16
(顧客) 仕入　　　200　商品券　216 仮払消費税　16	同左	課税仕入高　200 仮払消費税　16
*1　①非行使見込額10％＝50 　　　②行使割合216÷(500-50)＝48％ 　　　③非行使見込額50×48％＝24		

この事例は,商品券の発行に係る事例である。

1. 本会計基準の考え方

本会計基準においては,「財又はサービスを顧客に移転する前に顧客から対価を受け取る場合,顧客から対価を受け取った時又は対価を受け取る

期限が到来した時のいずれか早い時点で、顧客から受け取る対価について契約負債を貸借対照表に計上する」（会基78）。

2．法人税の処理

　商品引換券等の発行に係る収益計上時期については、改正前においても、商品引換券等発行時に一括収益計上する方法以外に、「商品の引渡し等に応じて」収益を計上する取扱いが認められていた（旧法基通2－1－39）。本通達改正により、「商品の引渡し等に応じて」収益を計上する取扱いは引き続き認められることとされたが、次の諸点で見直し整備された（法基通2－1－39）。

(1) 非行使部分の最終的な収益計上時期

　非行使部分の対価の額を計上する時期は、改正前は商品引換券等の発行に係る事業年度終了の日の翌日から3年を経過した日の属する事業年度終了の時において商品引換えが完了していない部分を収益の額に計上するとしていたが、本通達改正により、商品引換券等の発行の日から10年を経過した日の属する事業年度終了の時における非行使部分を収益計上することになった（法基通2－1－39）。

(2) 非行使部分の収益計上金額

　商品引換券等の発行の日から10年経過日等の属する事業年度までの各事業年度においては、合理的に見積もられた非行使部分に係る対価の額に権利行使割合（相手方が行使すると見込まれる部分の金額のうちに実際に行使された金額の占める割合をいう。）を乗じて得た金額から既にこの取扱いに基づき益金の額に算入された金額を控除する方法その他のこれに準じた合理的な方法に基づき計算された金額を益金の額に算入することができ

ることとした（法基通2-1-39の2）。

(3) 事前確認の廃止

　商品の引渡し等に応じて収益を計上する取扱いは，改正前においては，あらかじめ所轄税務署長等の確認を受けることとされていた（旧法基通2-1-39）が，本通達改正により，事前の確認制度を廃止した。

3．消費税の処理

　消費税において，商品引換券等の発行は不課税取引になる。会計処理の契約負債の処理も消費税の計算とは関係ない取引とされる。また，実際に商品の販売時に商品引換券等が使用される時の消費税の取扱いは，会計処理は商品の販売となることから，結果的には会計処理と消費税でズレは生じないことになる。

VI　ケース6　消化仕入（論点：本人・代理人）

　A百貨店はB社と消化仕入契約を締結。A百貨店は顧客に1個20,000円（税抜）の商品（卸値19,000円）を1個販売。A百貨店は代理人と判断できる。

【単位：円】

会　計				法人税	消費税	
（A百貨店）				同左		
売掛金	21,600	売上	1,000		課税売上高	20,000
仮払消費税	1,520	買掛金	20,520		仮受消費税	1,600
		仮受消費税	1,600		課税仕入高	19,000
					仮払消費税	1,520

　商品等の販売において本人であるのか代理人であるのかによって，認識すべき収益の額の範囲が異なることになるが，この事例は，代理人（＝百貨店）となる消化仕入に係る事例である。

1．本会計基準の考え方

　本会計基準では，顧客への財又はサービスの提供において，その提供に係る本人なのか代理人かによって収益の額の認識の範囲が異なる。

　「顧客への財又はサービスの提供に他の当事者が関与している場合において，顧客との約束が当該財又はサービスを当該他の当事者によって提供されるように企業が手配する履行義務であると判断され，企業が代理人に該当するときには，他の当事者により提供されるように手配することと交換に企業が権利を得ると見込む報酬又は手数料の金額（あるいは他の当事者が提供する財又はサービスと交換に受け取る額から当該他の当事者に支払う額を控除した純額）を収益として認識する」（指針40）。

　「顧客への財又はサービスの提供に他の当事者が関与している場合，財又はサービスが顧客に提供される前に企業が当該財又はサービスを支配しているときには，企業は本人に該当する。他の当事者が提供する財又はサービスが顧客に提供される前に企業が当該財又はサービスを支配していないときには，企業は代理人に該当する」（指針43）。これらから判断する

と，事例の商品の販売取引において，百貨店は代理人に該当する。

2．法人税の処理

　本人，代理人に関する法人税の定めは特にないことから，公正処理基準に従って本会計基準と同様に処理されると考えられる。

3．消費税の処理

　消費税は契約の取引単位で課税される。百貨店の消化仕入の場合は，顧客との直接的な取引を行うのは百貨店であることから，百貨店が総額で顧客及び仕入先と取引を行っている形式に基づいた処理になるものと考えられる。

　事例のような取引であれば，結果的に納付すべき消費税額に食い違いは生じないが，課税売上割合などにズレが生ずることがあるかもしれない。

〔1〕収益認識に関する会計基準の概要

〔2〕収益計上の単位

〔3〕収益の額の帰属事業年度

〔4〕益金の額に算入すべき収益の額

〔5〕返品調整引当金の廃止

〔6〕長期割賦販売等に係る延払基準の廃止

〔7〕本改正と中小企業に対する影響

〔8〕収益認識基準と消費税

〔9〕条文構成の問題点

I　本規定の性格

1．本規定の概要

(1)　本規定では，その1項から3項において，資産の販売等に係る収益の額の帰属事業年度について，原則（引渡日基準，役務提供日基準）及び「近接する日」に関する取扱いを定めた。

(2)　本規定の4項，5項において，収益の額として「益金の額に算入する金額」について，「販売等した資産の引渡しの時の価額」，「提供した役務につき通常得べき対価の額」による原則を明確化し，貸倒れ，返品可能性については収益の額の問題でないことを明確にした。

2．本規定の「別段の定め」の性格

(1)　条文構成上の位置づけ

本規定の法人税法の条文構成上の位置づけは，次のようになっている。

第二編　内国法人の法人税
　第一章　各事業年度の所得に対する法人税
　　第一節　課税標準及びその計算
　　　第一款　課税標準（第21条）
　　　第二款　各事業年度の所得の金額の計算の通則（第22条）
　　　第三款　益金の額の計算
　　　　第一目　収益の額（第22条の2）
　　　　第一目の二　受取配当等（第23条—第24条）
（以下略）

条文構成上は，「第二款　各事業年度の所得の金額の計算の通則（第22条）」が所得計算の通則規定であって，別段の定めは，「第三款　益金の額

の計算」以下の規定となる。
　そうすると，創設された本規定は，条文構成上は，益金の額の計算に関する別段の定めとなる。

(2)　別段の定めの種類と本規定の性格
　別段の定めは，一般に次のように区分できるとされている[12]。
① 　一般に公正妥当と認められる会計処理の基準を確認するもの
② 　一般に公正妥当と認められる会計処理の基準を前提としつつも，画一的処理の必要から，統一的な基準を設定，又は一定の限度を設け，あるいはそれを部分的に修正することを内容とするもの
③ 　租税政策上又は経済政策上の理由から，一般に公正妥当と認められる会計処理の基準に対する例外を定めるもの
　本規定は，これらのどれに該当するのであろうか。
　まず，考えられるのは，上記②に該当するのではないかということである。
　収益の額の帰属事業年度については，通則規定の法人税法22条2項で「当該事業年度の収益の額」という規定の「の」を「に帰属する」と解釈した上で，この「帰属する」という文言の具体的な解釈は，この間の法人税の実務，会計慣行，裁判例，それらを踏まえた法人税基本通達の取扱いを踏まえて，本規定で法令上で明文化したものといえる。
　また，法人税法22条2項の「無償による資産の譲渡」に係る収益の額の解釈を踏まえて，収益の額は「時価」によることを明確化したものでもある。
　これらを見ると，本規定は，通則規定である法人税法22条2項の内容を

12　金子宏『租税法〔第22版〕』（弘文堂，2017年）336頁。

明確化した通則規定の補足的,説明的な規定であるともいえる。その点で,上記の①～③の区分とは異なる別段の定めであるようにも考えられる。

本規定は,本会計基準が公表されたことを契機に法人税法の従来からの立場を明確にする意義をもつ。これまで詳細な会計基準がなかった収益の認識基準について,会計基準の側で網羅的,包括的な基準を定めると,法人税法の通則規定,公正処理基準との関係が問題にならざるを得ない。

本会計基準をそのまま公正処理基準として丸呑みすることは,これまでの法人税における益金の額に算入すべき収益の額の解釈や取扱いからは容認できない点も生ずることになる。

そのため,通則規定で定めていた益金の額に係る収益の額について,その内容を念のために明確化したものが本規定であると考えられる。その意味で,法人税法23条以下の別段の定めとは異なる性格を有しているものと考えられる。

Ⅱ 法人税法22条4項と別段の定めとの関係

本改正においては,法人税法22条4項のいわゆる公正処理基準の規定において,「別段の定めがあるものを除き」という文言が加えられた。

この文言を挿入した趣旨について,立法担当者は次のように説明を加えている。

「資産の販売等に係る収益の額を益金の額に算入する根拠規定としては,法人税法第22条と併せて同法第22条の2の規定を適用するという構成と整理されました。また,売上原価及び償却費についても,法人税法第22条と併せて同法第29条,第31条又は第32条が適用されて損金の額に算入す

る根拠規定となるような規定ぶりとなっています。

　このように，法人税法第22条の規定と同法第22条の2以下の規定とが併さって益金の額又は損金の額の根拠規定となる場合には，法人税法第22条第4項の規定と同法第22条の2以下の規定とが抵触する場合があります。このような場合の優先関係について，今回，法人税法第22条の2の創設を契機として，同法第22条の2以下の規定が優先することが明確化されました。具体的には，法人税法第22条第4項の規定は，別段の定めがある場合には適用しないこととされました（法法22④）。」[13]

　しかし，この説明は従来の別段の定めと法人税法22条4項との関係の理解からは当然のことを述べているにすぎず，あえて，本改正で「別段の定めがあるものを除き」という文言を加えるべき必要があったのかは疑問である。

　もともと，公正処理基準は法人税法等で定めていない部分（いわゆる白地部分）について適用があるのであって，法人税法等の別段の定めは当然のこと，法人税法22条1項，2項，3項，5項の通則規定で定めている部分（これら通則規定の解釈で明らかな部分も含む。）には，これらの定めが適用になり，公正処理基準の適用の余地はなかったといえる。

　このことは，法人税法22条4項の「第2項に規定する当該事業年度の収益の額……は，」という規定ぶりからも明らかであった。ここでいう「第2項に規定する収益の額」とは，法人税法22条2項で定めているものであり，「別段の定めがあるものを除き，……当該事業年度の収益の額とする。」としているのだから，別段の定めがあるものは，そもそも除かれているのである。

　したがって，本改正により法人税法22条4項へ「別段の定めがあるもの

13　注1前掲書280頁。

を除き」という文言を加えたことは，前提として既に除かれているものに対するもので，念のためにということであろうが，全く意味がない改正であると考えられる。

Ⅲ　本規定と公正処理基準との関係

　本規定の1項，2項，4項においては，いずれも「別段の定め（前条第4項を除く。）があるものを除き」という文言が挿入されている。
　この規定ぶりからすると，法人税法22条4項（公正処理基準の定め）は別段の定めであるということが前提になっているものと考えられる。
　公正処理基準の定めは，昭和42年度税制改正で加えられた規定であり，創設趣旨は，「従来から法人税の課税所得は企業利益を前提としており，税法独自の目的からいわば最小限その修正を行うものであるということを明らかにするというものである。」「税法は，完結的な所得計算体系を規定していず，企業会計の修正部分のみ規定し，その他の大部分は企業会計に依存しているのである。この点から考えると，この規定は創設的な規定ではなく，宣言的，確認的規定と解されるべきものである。」とされている[14]。
　このような法人税法22条4項の規定の性格からすれば，法人税法等の通

14　吉牟田 勲『法人税法詳説（昭和60年版）』（中央経済社，1985年）41頁．同様な記述に中村利雄『法人税の課税所得計算』（ぎょうせい，1982年）83頁がある。また，吉牟田氏は，改正過程の立法文案の検討などを踏まえて「企業会計を尊重するという計算心得を宣言，確認する規定であると理解され，税法令の制定，改廃を促すような創設的，強制的規定とは解しにくいもの」と記述している（「現行法人税法各条の立法過程の研究27」『税務弘報』47巻5号128頁）。

則規定,別段の定めで定められていない白地部分に働く所得計算の通則規定に定められた確認的規定であり,法人税法の別段の定めとは考えられない。したがって,前提的なこととして,別段の定めが存在することについて法人税法22条4項の規定が働くことは考えられないのであり,それ故,法人税法22条4項を別段の定めの1つと考えることはできない。

これについて,立法担当者は次のように解説している。

「『別段の定め』からは,法人税法第22条第4項の規定が除かれています。法人税法第22条の2の新設により,資産の販売等についてはその益金算入時期及び益金算入額について明確にする規定が設けられる一方,同法第22条第2項から資産の販売等は除外されていません。すなわち,資産の販売等に係る収益を益金の額に算入するかどうかについては引き続き法人税法第22条第2項の規定によることとし,その時期及び金額について同法第22条の2で規定されていると整理されたことになります。したがって,法人税法第22条第2項も資産の販売等に係る収益の益金算入の根拠規定の一つとなります。そのような前提で,資産の販売等に係る収益の額について法人税法第22条第4項と同法第22条の2の両方が適用されると,割賦基準・延払基準のようにこれらの規定が互いに抵触する場合に優先関係が不明確となるおそれがあることから,優先関係を明確にするために,収益認識の時期については法人税法第22条第4項が適用されないこととされたものです。」[15]

この記述のうち,「法人税法第22条第4項と同法第22条の2の両方が適用されると,割賦基準・延払基準のようにこれらの規定が互いに抵触する場合に優先関係が不明確となるおそれがある」としているが,別段の定めである本規定（22条の2）が働くときには,法人税法22条4項の規定が働

---

15 注1前掲書273頁。

くことはないというのがこれまでの常識であったと思われる。立法担当者は，（22条2項＋22条4項）と（22条2項＋22条の2）の2つの条文適用関係が併存する可能性があるという認識のようである。

　立法担当者は，おそらくは22条4項を22条の2と同列の別段の定めと捉えているように思われる。しかし，既述のように22条4項の公正処理基準は別段の定めではなく，通則規定に定められ，他の通則規定や別段の定めが定めていない白地部分において初めて機能する訓示的・確認的規定であることを違えて理解しているように思われる。

　あるいは，仮に22条の2（本規定）を通則規定である22条2項の単なる補足的な規定として捉え，（22条2項＋22条の2）である通則的規定に対して22条4項が働くことを想定しているのかもしれない。しかし，その場合も（22条2項＋22条の2）で定めていることを白地部分に機能する22条4項が抵触して効果を持つことは考えられないのである。

　その意味では，本規定の1項，2項，4項において，いずれも「別段の定め（前条第4項を除く。）があるものを除き」という文言があえて挿入されているのは理解が困難であるといえる。

資料　155

資料　収益等の計上に関する改正通達（法人税基本通達第2章第1節部分）の構成及び新旧対応表

収益等の計上に関する改正通達（法人税基本通達第2章第1節部分）の構成及び新旧対応表

改正通達の構成	改正後		改正前	
	通達番号	第1節　収益等の計上に関する通則	通達番号	第1節　収益等の計上に関する通則
収益計上単位の通則		第1款　資産の販売等に係る収益計上に関する通則		
	2-1-1	収益の計上の単位の通則		※新設
	2-1-1の2	機械設備等の販売に伴い据付工事を行った場合の収益の計上の単位 (注)計上時期については、2-1-2以下の該当する取扱いによる。	2-1-10	機械設備等の販売に伴い据付工事を行った場合の収益の帰属時期の特例
	2-1-1の3	資産の販売等に伴い保証を行った場合の収益の計上の単位 (注)計上時期については、2-1-2以下の該当する取扱いによる。		※新設
収益計上単位の具体的取扱い	2-1-1の4	部分完成の事実がある場合の収益の計上の単位 (注)計上時期については、2-1-21の7の取扱いによる。	2-1-9	部分完成基準による収益の帰属時期の特例
	2-1-1の5	技術役務の提供に係る収益の計上の単位 (注)計上時期については、2-1-21の10の取扱いによる。	2-1-12	技術役務の提供に係る報酬の帰属時期
	2-1-1の6	ノウハウの頭金等の収益の計上の単位 (注)計上時期については、2-1-30の3の取扱いによる。	2-1-17	ノウハウの頭金等の帰属時期の時期
	2-1-1の7	ポイント等を付与した場合の収益の計上の単位 (注)計上時期については、2-1-39の3の取扱いによる。		※新設
	2-1-1の8	資産の販売等に係る収益の額に含めないことができる利息相当部分 (注)計上時期については、2-1-24の取扱いによる。		※新設
	2-1-1の9	割賦販売等に係る収益の額に含めないことができる利息相当部分 (注)計上時期については、2-1-24の取扱いによる。	2-4-11	長期割賦販売等に係る収益の額に含めないことができる利息相当部分
収益の額の通則	2-1-1の10	資産の引渡しの時の価額等の通則	2-1-4	販売代金の額が確定していない場合の見積り
	2-1-1の11	変動対価	2-1-7	工事代金の額が確定していない場合の見積り
収益の額の具体的取扱い	2-1-1の12	売上割戻しの計上時期	2-5-1	※一部改正
	2-1-1の13	一定期間支払わない売上割戻しの計上時期	2-5-2	※一部改正
	2-1-1の14	実質的に利益を享受することの意義	2-5-3	※一部改正
	2-1-1の15	値増金の益金算入の時期	2-1-8	※一部改正
	2-1-1の16	相手方に支払われる対価		※新設

収益等の計上に関する改正通達(法人税基本通達第2章第1節部分)の構成及び新旧対応表

改正通達の構成	通達番号	改正後	通達番号	改正前
		第1款 収益等の計上に関する通則		第1節 収益等の計上に関する通則
棚卸資産の販売に係る収益計上時期の具体的取扱い	2-1-2	棚卸資産の引渡しの日の判定	2-1-1	棚卸資産の販売による収益の帰属の時期
	2-1-3	委託販売に係る収益の帰属の時期	2-1-2	※一部改正
	2-1-4	検針日による収益の帰属の時期	2-1-3	※一部改正
		第2款 固定資産の譲渡等に係る収益	2-1-4	棚卸資産の引渡しの日の判定
	2-1-5	削除(旧通達は、2-1-21の7へ移動)	2-1-5	請負による収益の帰属の時期
	2-1-6	削除(旧通達は、2-1-21の8へ移動)	2-1-6	建設工事等の引渡しの日の判定
	2-1-7	削除(旧通達は、2-1-21の10へ移動)	2-1-7	工事代金の額が確定していない場合の見積り
	2-1-8	削除(旧通達は、2-1-21の15へ移動)	2-1-8	値増金の益金算入の時期
	2-1-9	削除(旧通達は、2-1-21の4及び2-1-21の7へ移動)	2-1-9	部分完成基準による収益の帰属の時期の特例
	2-1-10	削除(旧通達は、2-1-21の2へ移動)	2-1-10	機械設備等の販売に伴い据付工事を行った場合の収益の帰属の時期
	2-1-11	削除(旧通達は、2-1-21の9へ移動)	2-1-11	不動産の仲介あっせん報酬の帰属の時期
	2-1-12	削除(旧通達は、2-1-21の5及び2-1-21の10へ移動)	2-1-12	技術役務の提供に係る報酬の帰属の時期
	2-1-13	削除(旧通達は、2-1-21の11へ移動)	2-1-13	運送収入の帰属の時期
固定資産の譲渡等に係る収益計上時期の具体的取扱い	2-1-14	固定資産の譲渡による収益の帰属の時期	2-1-14	※一部改正
	2-1-15	農地の譲渡に係る収益の帰属の時期	2-1-15	※一部改正
	2-1-16	工業所有権等の譲渡又は提供に係る収益の帰属の時期の特例	2-1-16	工業所有権等の譲渡等の帰属の時期
	2-1-17	削除(旧通達は、2-1-1の6及び2-1-30の3へ移動)	2-1-17	ノーハウの頭金等の帰属の時期
固定資産の譲渡等に係る収益	2-1-18	固定資産を譲渡担保に供した場合	2-1-18	※改正なし
	2-1-19	共有地の分割	2-1-19	※改正なし
	2-1-20	法律の規定に基づかない区画形質の変更に伴う土地の交換分合	2-1-20	※改正なし
	2-1-21	道路の付替え	2-1-21	※改正なし
		第3款 役務の提供に係る収益		
役務の提供に係る収益計上時期の具体的取扱い	2-1-21の2	履行義務が一定の期間にわたり充足されるものに係る収益の帰属の時期		※新設
	2-1-21の3	履行義務が一時点で充足されるものに係る収益の帰属の時期		※新設
	2-1-21の4	履行義務が一定の期間にわたり充足されるもの		※新設
	2-1-21の5	履行義務が一定の期間にわたり充足されるものに係る収益の額の算定		※新設
	2-1-21の6	履行義務の充足に係る進捗度		※新設

収益等の計上に関する改正通達（法人税基本通達第2章第1節部分）の構成及び新旧対応表

改正通達の構成	改正後 通達番号	改正後 第1節 収益等の計上に関する通則	改正前 通達番号	改正前 第1節 収益等の計上に関する通則
役務の提供に係る収益計上時期の具体的取扱い	2-1-21の7	請負に係る収益の帰属の時期	2-1-5	※一部改正
	2-1-21の8	建設工事等の引渡しの日の判定	2-1-9	部分完成基準による収益の帰属の時期の特例
	2-1-21の9	不動産の仲介あっせん報酬の帰属の時期	2-1-6	※一部改正
	2-1-21の10	技術役務の提供に係る報酬の帰属の時期	2-1-11	※一部改正
	2-1-21の11	運送収入の帰属の時期	2-1-12	※一部改正
			2-1-13	※一部改正
第4款 短期売買商品の譲渡に係る損益				
短期売買商品の譲渡に係る損益計上時期の具体的取扱い	2-1-21の12	短期売買商品の譲渡に係る損益の計上時期の特例	2-1-21の2	※一部改正
	2-1-21の13	短期売買業務の廃止に伴う短期売買商品から短期売買商品以外の資産への変更	2-1-21の3	※改正なし
第5款 有価証券の譲渡による損益				
有価証券の譲渡による損益計上時期の具体的取扱い	2-1-22	有価証券の譲渡による損益の計上時期	2-1-22	※改正なし
	2-1-23	有価証券の譲渡による損益の計上時期の特例	2-1-23	※改正なし
	2-1-23の2	短期売買商品に該当する有価証券から短期売買商品以外の有価証券等又はその逆の信用区分変更	2-1-23の2	※改正なし
	2-1-23の3	現渡しの方法による決済を行った場合の損益の計上時期	2-1-23の3	※改正なし
	2-1-23の4	売却及び購入の同時の契約等のある有価証券の取引	2-1-23の4	※改正なし
第6款 利子、配当、使用料等に係る収益				
利子、配当、使用料等に係る収益計上時期の具体的取扱い	2-1-24	貸付金利子等の帰属の時期	2-1-24	※一部改正
	2-1-25	相当期間未収が継続した場合の貸付金利子の帰属時期の特例	2-1-25	※改正なし
	2-1-26	利息制限法の制限超過利子	2-1-26	※改正なし
	2-1-27	剰余金の配当等の帰属の時期	2-1-27	※改正なし
	2-1-28	剰余金の配当の帰属時期の特例	2-1-28	※改正なし
	2-1-29	賃貸借契約に基づく使用料等の帰属の時期	2-1-29	※一部改正
	2-1-30	知的財産のライセンスの供与に係る収益の帰属の時期		※新設
	2-1-30の2	工業所有権等の実施権の設定に係る収益の帰属の時期	2-1-16	工業所有権等の譲渡等による収益の帰属の時期
	2-1-30の3	ノウハウの頭金等の帰属の時期	2-1-17	※一部改正
	2-1-30の4	知的財産のライセンスの供与に係る売上高等に基づく使用料に係る収益の帰属の時期		※新設
	2-1-30の5	工業所有権等の使用料の帰属の時期	2-1-30	※一部改正
	2-1-31	送金が許可されない利子、配当等の帰属の時期	2-1-31	※一部改正

収益等の計上に関する改正通達(法人税基本通達第2章第1節部分)の構成及び新旧対応表

改正通達の構成	改正後		改正前	
	通達番号	第1節 収益等の計上に関する通則	通達番号	第1節 収益等の計上に関する通則
その他収益等の具体的取扱い	第7款　その他の収益等			
	2-1-32	償還有価証券に係る調整差損益の計上	2-1-32	※改正なし
	2-1-33	償還有価証券の範囲	2-1-33	※改正なし
	2-1-34	債権の取得差額に係る調整差損益の計上	2-1-34	※改正なし
	2-1-35	デリバティブ取引に係る契約に基づく資産の取得による損益の計上	2-1-35	※一部改正
	2-1-36	デリバティブ取引に係る契約に基づく資産の譲渡による損益の計上	2-1-36	※改正なし
	2-1-37	有利な状況にある相対臨建オプション取引について権利行使を行わなかった場合の取扱い	2-1-37	※改正なし
	2-1-38	不利な状況にある相対臨建オプション取引について権利行使を行わなかった場合の取扱い	2-1-38	※改正なし
	2-1-39	商品引換券等の発行に係る収益の帰属の時期	2-1-39	※一部改正
	2-1-39の2	非行使部分に係る収益の帰属の時期		※新設
	2-1-39の3	自己発行ポイント等の付与に係る収益の帰属の時期		※新設
	2-1-40	将来の逸失利益等の補填に充てるための補償金等の帰属の時期	2-1-40	※改正なし
	2-1-40の2	返金不要の支払の帰属の時期		※新設
	2-1-41	保証金等のうち返還しないものの額の帰属の時期	2-1-41	※一部改正
	2-1-42	法令に基づき交付を受ける給付金等の帰属の時期	2-1-42	※改正なし
	2-1-43	損害賠償金等の帰属の時期	2-1-43	※改正なし
	2-1-44	金融資産を認識する債権利支配移転の範囲	2-1-44	※改正なし
	2-1-45	金融資産の消滅を認識する債権引受契約等	2-1-45	※改正なし
	2-1-46	金融負債の消滅時に発生する資産及び負債の取扱い	2-1-46	※改正なし
	2-1-47	金融資産の利回りが一定でない場合における損益の計上	2-1-47	※改正なし
	2-1-48	有価証券の空売りに係る利益相当額等の外貨換算	2-1-48	※改正なし

【著者紹介】

藤曲　武美（ふじまがり　たけみ）

税理士。日本税務会計学会・副学会長，早稲田大学大学院法務研究科（法科大学院）講師，東京税理士会・会員相談室委員。主な著書は，『早わかり平成30年度税制改正のすべてQ&A』（中央経済社，共著），『新訂　税の基礎〔2018年度版〕』（経済法令研究会），『法人税実務の新基軸・寄附金』（税務経理協会）など。

別冊税務弘報

収益認識の税務
──法人税法から法人税基本通達まで

2018年10月15日　第1版第1刷発行

著　者　藤　曲　武　美
発行者　山　本　　　継
発行所　㈱中央経済社
発売元　㈱中央経済グループ
　　　　パブリッシング

〒101-0051　東京都千代田区神田神保町1-31-2
電話　03（3293）3371（編集代表）
　　　03（3293）3381（営業代表）
http://www.chuokeizai.co.jp/

Ⓒ 2018
Printed in Japan

印刷／文唱堂印刷㈱
製本／誠　製　本㈱

頁の「欠落」や「順序違い」などがありましたらお取り替えいたしますので発売元までご送付ください。（送料小社負担）
ISBN978-4-502-28601-8　C3034

JCOPY〈出版者著作権管理機構委託出版物〉本書を無断で複写複製（コピー）することは，著作権法上の例外を除き，禁じられています。本書をコピーされる場合は事前に出版者著作権管理機構（JCOPY）の許諾をうけてください。
JCOPY〈http://www.jcopy.or.jp　eメール：info@jcopy.or.jp　電話：03-3513-6969〉

日税連編の税務年度版リニューアル

法人税ハンドブック（平成30年度版）

日本税理士会連合会編・鈴木修著

顧問先での確認に最適なビジュアル解説。読者の要望に応えた超薄でも充実の内容。難解な計算は『法人税重要計算ハンドブック』で確認。消費税、印紙税、登録免許税も掲載。

税務経理ハンドブック（平成30年度版）

日本税理士会連合会編

主要な国税・地方税の法令・通達を項目ごとに整理。平成30年度改正を織り込んだ最新版。

法人税重要計算ハンドブック
（平成30年度版）

日本税理士会連合会編　中村慈美　他著

重要な項目や難解な規定について制度の内容と計算の要点をズバリ解説。法人の消費税も掲載。

所得税重要計算ハンドブック
（平成30年度版）

日本税理士会連合会編　藤田良一著

所得税の税額計算の仕組みと要点を計算例でわかりやすく解説。個人事業者の消費税も掲載。

相続税重要計算ハンドブック
（平成30年度版）

日本税理士会連合会編　武藤健造著

具体的な計算例で相続税・贈与税の課税の仕組みが理解できるように構成。事業承継税制も掲載。

●中央経済社●